QUEM ENTENDE DE COMPORTAMENTO VENDE MAIS

CARO(A) LEITOR(A),

Queremos saber sua opinião sobre nossos livros.

Após a leitura, siga-nos no **linkedin.com/company/editora-gente**, no TikTok **@editoragente** e no Instagram **@editoragente** e visite-nos no site **www.editoragente.com.br**. Cadastre-se e contribua com sugestões, críticas ou elogios.

PATRICK SUYTI

QUEM ENTENDE DE COMPORTAMENTO VENDE MAIS

Gente
editora

Diretora
Rosely Boschini
Diretora Editorial
Joyce Moysés
Editora
Natália Domene Alcaide
Assistente Editorial
Camila Gabarrão
Produção Gráfica
Leandro Kulaif
Preparação
Elisabete Franczak Branco
Capa
Plinio Ricca
Projeto Gráfico e diagramação
Márcia Matos
Revisão
Andresa Vidal
Impressão
Bartira

Rua Deputado Lacerda Franco, 300 – Pinheiros
São Paulo, SP– CEP 05418-000
Telefone: (11) 3670-2500
Site: www.editoragente.com.br
E-mail: gente@editoragente.com.br

Dados Internacionais de Catalogação na Publicação (CIP)
Angélica Ilacqua CRB-8/7057

Suyti, Patrick
Quem entende de comportamento vende mais / Patrick Suyti.
- São Paulo: Editora Gente, 2025.
160 p.

Bibliografia
ISBN 978-65-5544-642-5

1. Desenvolvimento profissional 2. Vendas I. Título

25-3084 CDD 658.1

Índices para catálogo sistemático:
1. Desenvolvimento profissional

NOTA DA PUBLISHER

Frequentemente, encontro líderes frustrados, que sentem que seus negócios poderiam prosperar mais, que têm bons produtos, equipes capacitadas e estratégias aparentemente adequadas, mas que ainda enfrentam problemas crônicos de desempenho e resultados inconsistentes. Na verdade, essa é uma dor enfrentada por empresários dos mais diversos segmentos. Afinal, por que negócios tão promissores não conseguem deslanchar plenamente?

Patrick Suyti é um verdadeiro estrategista empresarial que entendeu, na prática, que a chave para alcançar resultados excepcionais não reside exclusivamente na técnica, no produto ou no preço, mas no conhecimento aprofundado do comportamento das pessoas envolvidas — desde os colaboradores até os consumidores finais. Sua trajetória impressionante, construindo uma carreira sólida e chegando ao extraordinário resultado de liderar equipes com faturamento superior a 1 bilhão de reais, nos mostra que é possível transformar radicalmente qualquer negócio.

Em *Quem entende de comportamento vende mais*, Patrick mostra o modelo que desenvolveu ao longo de sua carreira para elevar a compreensão humana fazendo da empatia e do entendimento genuíno das motivações das pessoas um diferencial competitivo estratégico para sua empresa, promovendo a motivação das equipes, estabelecendo conexões reais e duradouras com clientes e atingindo níveis de resultado e satisfação até então inimagináveis. Mais do que metas financeiras, você construirá negócios mais saudáveis, vínculos mais produtivos e um ambiente de crescimento sustentável.

Permita-se mergulhar nos segredos por trás do comportamento das pessoas ao seu redor e veja seu negócio se transformar completamente! Tenho certeza absoluta de que, ao finalizar esta leitura, você terá encontrado o caminho mais sólido e recompensador para levar seu empreendimento ao sucesso extraordinário que sempre sonhou!

Boa leitura e ótimos negócios!

ROSELY BOSCHINI
CEO e Publisher da Editora Gente

Dedico este livro a todos que acreditam que o comportamento
é o maior ativo que alguém pode desenvolver.

Aos que, assim como eu, não começaram vencendo na vida,
mas que, todos os dias, escolhem mudar esse cenário com
esforço e coragem.

E aos incansáveis que buscam evoluir sempre.

AGRADECIMENTOS

Antes de tudo, minha gratidão a Deus, o Criador do Universo, por ter me dado a vida, os desafios, os dons e, acima de tudo, a missão. Sem Ele, nada disso faria sentido.

Quero também agradecer a alguém que por muito tempo eu deixei de reconhecer: a mim mesmo. Obrigado por não ter desistido, por continuar mesmo quando tudo parecia incerto, por escolher o caminho mais difícil – aquele que poucos escolhem –, mesmo sabendo que seria mais longo. Este livro é a prova de que vale a pena acreditar em si.

Agradeço profundamente à minha mãe, que me ensinou o que é amor, entrega e sacrifício. Que, mesmo sem ter, me deu. Que, mesmo cansada, nunca deixou faltar. O que sou hoje carrega a marca do esforço dela.

Minha gratidão também à Ademicon – à diretoria, aos líderes e a cada consultor e consultora. Essa empresa não apenas me formou como vendedor, mas me lapidou como homem. Obrigado por confiarem em mim, por me ensinarem tanto e por me permitirem ensinar também.

Aos meus parceiros, amigos e mentores que caminham comigo nessa jornada: vocês sabem quem são. Cada palavra de apoio, cada gesto, cada puxão de orelha – tudo contribuiu para que eu chegasse até aqui.

Obrigado à Editora Gente, por acreditar nesta obra, por viabilizar esse projeto com tanta dedicação.

E por fim, mas nunca por último, à minha esposa, Kelly Lemos: obrigado por ser minha fortaleza, minha paz e minha inspiração. Esse sonho também é seu.

A todos vocês, meu amor, minha honra e meu respeito.

SUMÁRIO

INTRODUÇÃO

QUEM ENTENDE DE COMPORTAMENTO VENDE MAIS E VIVE MELHOR

Existe uma frase que já ouvi muito e acredito ser um ótimo ponto de partida: "Estou em vendas, trabalho com isso. Sei que é possível prosperar em vendas, vejo outras pessoas do setor que conseguem, mas não entendo por qual motivo eu ainda não estou prosperando". Foram incontáveis as vezes em que ouvi vendedores falarem sobre isso, mas existe uma verdade universal que permeará toda a jornada do livro e precisa ser entendida desde já: vende mais quem entende de comportamento, e quem vende mais vive melhor, ou seja, os seus resultados são proporcionais à atenção que você dá ao comportamento – não só do cliente, mas também ao seu comportamento.

São inúmeros os vendedores que já conheci e que tinham um potencial enorme para crescer e ter os resultados com que sempre sonharam, mas não conseguiam avançar do limiar da estagnação para o sucesso pela simples falta desse conceito tão importante. E não estou falando apenas daquele vendedor que não atinge as metas. Na maioria das vezes, ele está atingindo as metas, tem muita técnica e conhecimento, estuda sobre os mais variados conteúdos, sabe (em partes) o caminho que precisa ser percorrido, mas está desesperado. Às vezes, ostenta uma vida com a qual não poderia arcar apenas para mostrar o quanto seus resultados são significativos, embora, no fim do mês, o saldo da conta bancária mostre que a realidade não é bem assim.

Esse vendedor está em busca de resultados maiores, quer sair da estagnação – e já saiu apenas por estar lendo este livro, caso você esteja se identificando –, quer organizar a vida, ter condições financeiras melhores, fazer as viagens com que sonha, colocar os filhos em uma escola melhor e proporcionar a si e à família uma vida com muito mais bem-estar. Porém, ele aplica as técnicas básicas de vendas, coloca em prática o que sabe sobre funil e nada acontece.

O que aconteceu?, ele geralmente se pergunta no fim do mês. A resposta: a chave do comportamento ainda não foi ativada. E ela muda tudo. Mudou a minha vida, a do meu time, da empresa em que trabalho e de incontáveis pessoas que foram beneficiadas direta ou indiretamente por esse processo de descoberta do poder do comportamento em vendas.

Ao mudar o comportamento de dentro para fora, esse vendedor tem o potencial de alcançar muito mais, chegar muito mais longe e atingir resultados muito melhores. Resultados que vão mudar a vida e o negócio em que atua ou comanda.

Vendedores, em geral, têm muita vontade, trabalham com enorme esforço. Porém, é bem comum estarem esgotados, cansados, estressados e com a sensação constante de que caminham em direção a lugar algum. Veem os outros *players* do mercado, isto é, pessoas, empresas ou parceiros que estão no mesmo nicho, e acham que existe um abismo de distância para conseguir alcançar resultados semelhantes aos deles.

É nesse momento que entram em colapso. Sabem do esforço que fazem, sabem quão difícil é avançar, mas ainda não sabem *como*. Aqui entra o ponto principal: é preciso trazer o comportamento para a mesa de vendas. É preciso mudar interna e externamente. Mudar o que se faz para chegar aos resultados que deseja, aos sonhos que quer realizar, à vida que gostaria de ter.

Ao entender as próprias motivações e as motivações de quem compra, é possível mudar a abordagem para chegar ao resultado esperado, o que me leva ao próximo ponto: eu mesmo precisei passar por desafios para entender efetivamente a diferença que isso faz. *Como?* É sobre essa jornada que vou explicar.

É POSSÍVEL VIVER O EXTRAORDINÁRIO EM VENDAS

Quero começar por um fato: faço parte da parcela esmagadoramente grande de brasileiros que não têm o nome do pai na certidão de nascimento. Então, sou filho de mãe solteira e doméstica que, com coragem e determinação, batalhou incansavelmente para me dar o mínimo em meio às dificuldades. Nasci em uma cidade muito pequena, chamada Paiçandu, no interior do Paraná. Nunca passei fome, mas vivi muitas dificuldades, e isso despertou em mim uma grande ambição de transformar minha vida.

Quando eu tinha 3 anos, minha mãe se casou e, dois anos depois, nos mudamos para Curitiba, porque meu padrasto trabalhava com construção civil. Quando completei 12 anos, minha mãe se separou dele, o que nos obrigou a ir morar em um cortiço. Não existia outra opção senão trabalhar para ajudar nas despesas de casa, e foi isso o que fui fazer. Na época, meu tio, que tinha uma oficina de lataria e pintura, me levou para trabalhar com ele e, ali, aprendi muito. Fiquei na parte operacional por um tempo, lixando carros o dia todo. Lembro-me de que, se pintasse um carro de verde, ia para a escola inteiramente coberto dessa cor. Depois, passei a ajudar no administrativo. No início, tinha muito tempo ocioso e estranhei, porque estava acostumado com o dia a dia corrido no pátio da oficina, então comecei a buscar cursos, livros e vídeos sobre empreendedorismo, para aprender mais sobre fluxo de caixa, como gerir pessoas e recursos e riqueza.

Com quase 17 anos, cursava contabilidade. Saí da oficina do meu tio e entrei em uma empresa multinacional. Foi ali que descobri vendas. Eu via que o setor comercial da empresa ganhava viagens internacionais como presente de fim de ano, enquanto os outros funcionários ganhavam panetone. Essa questão, por si só, já era muito estranha, mas a virada de chave aconteceu mesmo ao auditar as contas. Cheguei a pensar que o comercial estava roubando a empresa, e comentei isso mesmo com meu chefe: "Chefe, estão roubando a empresa. Olha essa pessoa aqui, recebeu vinte mil reais. Este outro, trinta mil". Como resposta, ele me disse que não era roubo, estava tudo certo, e usou as palavras mágicas que me levaram a vendas: "Isso tudo é comissão".

Na mesma época em que trabalhava nessa multinacional, abri também uma empresa de consultoria. Como tinha altas habilidades em Excel, fiz uma planilha de fluxo de caixa e comecei a vender essa planilha juntamente com uma mentoria de aplicação. Fiz as primeiras vendas na igreja que frequentava, mas depois fui expandindo. O conhecimento e a experiência que adquiri com isso mudaram a maneira como eu pensava. Tinha apenas 19 anos, e até me considero um tanto quanto maluco, mas a verdade é que foi nesse processo de descoberta que vi o quanto as vendas poderiam ser o caminho possível para a abundância. Descobri que trabalhar com vendas era o caminho mais curto para se tornar sócio de uma empresa.

Portanto, a solução era começar a trabalhar com vendas. Eu já tinha algumas skills, ou seja, algumas habilidades que facilitariam esse caminho, assim como habilidades com pessoas, facilidade de comunicação e negociação etc. Depois que comecei a trabalhar nesse universo, até tive algum sucesso, mas nada extraordinário, até descobrir a Ademicon, uma administradora independente de consórcios com mais de trinta anos de mercado e mais de 200 unidades espalhadas pelo Brasil.

A descoberta foi ao acaso, mas a minha vontade de trabalhar ali foi totalmente intencional: um cliente me falou sobre consórcio, e o consultor, com quem entrei em contato em seguida, me explicou: "Consórcio é um produto financeiro em que pessoas se unem para comprar um bem e não pagam juros. O cliente sai muito satisfeito, porque paga mais barato do que seria um financiamento tradicional, e nós, consultores, podemos ter uma vida abundante por conta desse processo". Bingo! O negócio era bom, e eu queria entrar. Foi o que fiz.

Na Ademicon, descobri que a empresa é do tamanho da sua fome, pura meritocracia: não existe ganho fixo, apenas um contrato de autorização para vender a marca. O vendedor passa por muitos treinamentos para se desenvolver e vender, e depois recebe sobre o resultado disso. Eu não tinha outra saída a não ser fazer dar certo. Era *all in*. Era minha chance de construir um bom patrimônio e ter uma boa renda, para transformar a realidade da minha família.

Foi assim que aprendi vendas do modo mais tradicional possível, bem *old school*, ou vanguarda, como gosto de chamar. O foco estava no produto, e está tudo bem seguir assim, porque essa parte técnica é muito importante. Então, comecei a construir um resultado interessante a partir disso e, com o tempo, decidi expandir e contratar pessoas.

Era 2018, eu tinha 23 anos, e a ideia era simples: queria pessoas como eu, para poder montar um time e crescer ainda mais. Sabia que meu rendimento chamaria atenção, então, imprimi minha nota fiscal e coloquei no quadro de avisos da faculdade. As pessoas que se interessavam vinham me perguntar como era possível, e eu respondia: "Pessoal, saibam que, quando comecei a estudar aqui, eu vinha de bicicleta. Hoje, tenho uma BMW. Venham comigo que vou ensinar a vocês como fazer isso". Parece até surreal escrever isso, mas é a realidade – e jamais repetiria, tampouco recomendaria que qualquer pessoa o fizesse.

Com essa chamada, construí um time. Começamos em um escritório bem pequeno no fundo da casa de um colega e, na minha cabeça, não tinha como dar errado, afinal, eu achava que todos seriam como eu havia sido. Então, se eu vendia 4 milhões de reais por mês, agora, com dez pessoas, venderia 40 milhões de reais. Fácil, simples. E ainda assim deu tudo errado. Fiquei imensamente frustrado. Foi então que comecei a entender que cada pessoa tem um perfil diferente, que não é igual ao perfil do Patrick, no caso. Se não somos iguais, os resultados não seriam os mesmos.

Mudei parte do time e continuei tentando contratar bons profissionais. E fiz isso por um tempo, até finalmente perceber que precisava entender o perfil de cada um para ter as melhores pessoas ao meu lado. Descobri o perfil comportamental e apliquei em todos os meus vendedores. Então, verifiquei o Princípio de Pareto do meu time, ou seja, a regra 80/20 que o economista italiano Vilfredo Pareto descobriu em 1896, depois de ter observado que 80% das terras da Itália pertenciam a apenas 20% da população, e 80% dos frutos colhidos em seu pomar eram provenientes de apenas 20% das árvores que tinha no quintal.[1]

Em termos mais simples, com o perfil comportamental que tracei de meus consultores, consegui avaliar de onde vinham os maiores resultados e qual era o perfil de seus responsáveis para que eu pudesse replicar e até mesmo direcionar melhor quem estava na equipe. O grande segredo era que vendas até podem proporcionar status financeiro e prosperidade, porém, na maior parte das vezes, isso só acontece quando você entende o comportamento das pessoas, o que as motiva, o que está por trás desse comportamento. **Para vender para pessoas, você precisa entender de pessoas.**

Comecei por um processo de autodescoberta, entendendo meu próprio comportamento. Entendi que precisava cuidar de mim totalmente: corpo, alma e espírito. Fiz isso e tive muito mais performance. Todos os dias, trabalho para ser uma pessoa melhor. O resultado que vi em mim, apesar de não ter me surpreendido, começou a acender outra luz em minha mente: se cuido do meu comportamento, e isso me proporciona mais resultados em vendas, preciso também levar esse tipo de conhecimento para a equipe, porque o mesmo acontecerá com eles.

Na época, fui convidado para expandir os negócios em João Pessoa, então deixei Curitiba e estou aqui até hoje. Mudei a mentalidade de que, para vender mais, era preciso trabalhar com raça, força, pressão e técnica e fui entendendo que vender exige saber de comportamento humano. Em 2019, faturava 53 milhões de reais em vendas de consórcio. Hoje, depois que apliquei tudo o que vou explicar no livro, cheguei à marca de 1,2 bilhão de reais em 2023 e 2024. Não me importo em revelar os números. Essa é a diferença que o conhecimento sobre comportamento em vendas faz.

E como fiz isso? Vou aproveitar este momento para mencionar brevemente os temas que serão abordados aqui. Dividi o que aprendi em uma

---

[1] LAOYAN, S. Entendendo o princípio de Pareto (a regra 80/20). **Asana**, 5 mar. 2025. Disponível em: https://asana.com/pt/resources/pareto-principle-80-20-rule. Acesso em: 24 maio 2025.

metodologia que organiza o processo de vendas em três camadas: comportamento self, comportamento do cliente e comportamento relacional.

Na primeira camada, explico como olhar para dentro, para si, assim como eu fiz. Depois, na segunda camada, mostro como chegar à essência do comportamento do cliente para ter mais chances de sucesso nas vendas. Por fim, na terceira e última camada, vamos analisar o comportamento relacional – relacionamento com cliente, aproximação, imagem de alguém querido e confiável – para a construção de relações duradouras.

Alguns vendedores acreditam que uma venda deve ser fechada com ênfase e pressão. Discordo totalmente disso. Vendas feitas de modo muito direto, usando persuasão barata ou copiando técnicas batidas não se sustentam no longo prazo. Não é possível sobreviver ao futuro fazendo apenas isso. E a dura e inquestionável realidade é que, se você é um vendedor que faz apenas isso, logo será substituído, e muito possivelmente por uma inteligência artificial, que pode simplesmente pesquisar preços e mandar ofertas. Robôs podem fazer isso. Acredito, de verdade, que somente vendedores comportamentais, ou seja, aqueles que entendem de pessoas, vão sobreviver ao futuro.

Para viver o extraordinário em vendas, é preciso entender de comportamento. Esse conceito envolve outros, como inteligência emocional, empatia, conexão com o cliente, autoconhecimento e muito mais. Mas, por ora, acredito que isso baste para fecharmos o início desta jornada.

Com tudo o que mostrei, espero mudar não apenas seus resultados como vendedor ou empreendedor, mas também sua vida como um todo. No fim das contas, será uma consequência ganha-ganha que facilitará tudo.

Quem entende de comportamento ganha mais. E quem entende de comportamento vive melhor.

O que você vai construir a partir de agora depende apenas de virar a página e iniciar o próximo capítulo.

CAPÍTULO 1

UM LIMITE INVISÍVEL QUE IMPEDE O SEU SUCESSO EM VENDAS

Há alguns anos, quando era recém-contratado na Ademicon e ainda fazíamos as reuniões da equipe às segundas-feiras, um dos grandes diretores, Claudir, disse algo que me marcou para sempre, e me fez querer prosperar em vendas. Eu ainda era um rapaz de 20 e poucos anos aprendendo com os magos das vendas. Nessa época, a empresa estava expandindo. Em uma dessas reuniões, Claudir comentou: "Vender é o que nos dá a possibilidade de entrar em um restaurante e escolher o prato no cardápio pela coluna da esquerda".

Quando ouvi isso, fiquei travado por alguns segundos. Como assim, escolher o prato pela coluna da esquerda? Então me dei conta. Em um cardápio, a lista de pratos fica na coluna da esquerda, e os preços, na coluna da direita. O que ele estava querendo dizer, portanto, era que trabalhar em vendas é um caminho que proporciona a liberdade de escolher o prato considerando o que você gosta, o que está verdadeiramente com vontade de comer, e não apenas o menor preço, o que pode pagar naquele momento. Fiquei em choque. Aquilo despertou em mim a vontade de fazer mais em vendas, de poder realmente olhar o cardápio e escolher o que eu gostaria de comer por satisfação, e não por necessidade.

De fato, não era o que acontecia comigo naquela época. Estava começando. Não tinha salário fixo, então recebia apenas comissão do que tinha conseguido vender. Em reuniões de negócios ou de lazer, infelizmente eu só podia escolher o prato pela coluna da direita. E você? Como tem feito seus pedidos no restaurante?

Esta é apenas uma analogia simples para falar sobre algo mais sério, então quero apresentar alguns dados básicos para mostrar que esse tipo de situação é mais comum do que imaginamos.

A média salarial de um vendedor é entre 2 mil e 3 mil reais.[2] Vendedores são de certa forma semiempreendedores, porque muitas vezes não têm salário fixo e recebem apenas comissão do que venderam. E a triste realidade é que 90% da população brasileira ganha menos que 3 mil reais por mês.[3]

Será que isso explica o fato de que a maior parte dos vendedores, infelizmente, ainda escolhe o que vai comer em um restaurante pelo valor, e não para satisfazer a um desejo? Talvez. O ponto principal, contudo, é que talvez esse não seja o seu caso. Se não for, está tudo certo. Até porque o conteúdo terá o mesmo valor, e você passará a ganhar ainda mais. No entanto, começar com essa chocante realidade é importante para estabelecer as bases da nossa conversa, ou seja, você estando ou não nesse grupo de pessoas, acredite que há muito para ser aprimorado.

A grande maioria dos vendedores passa muito tempo verificando o saldo da conta bancária, para ter certeza de que há o suficiente para pagar as contas. Acessa a fatura do cartão de crédito para conferir o débito total e o limite e fica pensando se vai conseguir quitar a fatura naquele mês. Todo ano, no aniversário do filho, precisa fazer algo bem simples, porque está apertado, ou decide não fazer celebração, porque não sabe se vai conseguir arcar com as despesas. Muito provavelmente, não está batendo metas. Vê todos a sua volta prosperarem e não sabe o que pode estar fazendo de errado para não viver o mesmo. Não tem liberdade de tempo.

---

[2] GLASSDOR. Salários de Vendedor. Disponível em: https://www.glassdoor.com.br/Sal%C3%A1rios/vendedor-sal%C3%A1rio-SRCH_KO0,8.htm. Acesso em: 24 maio 2025.

[3] VAIANO, B.; ARANHA, C. 90% da população brasileira ganha menos de R$ 3 mil por mês. Veja o gráfico. **VC SA**, 12 maio 2023. Disponível em: https://vocesa.abril.com.br/dinheiro/90-da-populacao-brasileira-ganha-menos-de-r-3-mil-por-mes-veja-o-grafico. Acesso em: 24 maio 2025.

Esse vendedor que ainda não descobriu o caminho para ter mais resultados é aquele que está levando desaforo para casa. Muitas vezes, desanimado e descrente de si, precisa pedir ajuda a familiares, fazer empréstimo. Acredito, inclusive, que ele esteja na berlinda, entre desistir ou fazer algo para mudar. É possível que esteja sendo pressionado pela família para ter mais resultados e, no fim do mês, precisa escolher qual fatura do cartão pagar, se vai parcelar ou se terá dinheiro para pagar apenas o mínimo.

Esse vendedor normalmente sabe que a área de vendas é um caminho "legal", que possibilita sair do modo sobrevivência e passar a ter mais resultados, mas ainda não conseguiu transformar a própria realidade. E essa situação é muito comum. Será que você se identifica? A seguir, apresento alguns fatores que vão permitir uma avaliação sincera de seu estado atual.

FLUTUAÇÃO E PREVISIBILIDADE

Por estar inserido no universo das vendas há muitos anos, tenho muitos colegas e amigos vendedores. Um deles, que é corretor de imóveis, certa vez me contou que estava muito feliz porque havia vendido um apartamento de 1 milhão de reais e recebido 40 mil reais, equivalente a 4% de comissão. Contudo, tão logo ele falou sobre a felicidade, já fechou o sorriso, abaixou o rosto e disse que, na verdade, aquilo não era tão bom, porque não poderia gastar esse dinheiro, já que não sabia quando faria a próxima venda. E se acontecesse só depois de um ano? Precisaria sobreviver com esse dinheiro durante os próximos doze meses.

Esse salário flutuante do vendedor, que também pode ser definido como falta de constância de vendas, é algo que vejo acontecer muito com os profissionais que conheço. Esse ponto de colisão é tão ruim, mas tão ruim, que não permite ao vendedor viver bem nem nos momentos em que ganha uma grana mais alta, assim como aconteceu com meu amigo. Se tivesse constância nas vendas, não precisaria ficar inseguro quanto à próxima venda. A falta dessa constância gera uma frustração muito grande.

E esse cenário é comum nos mais variados nichos de venda. Para os corretores de imóveis, que administram vendas mais complexas, percebo que é uma dor constante. Mas é possível também verificar esse movimento de flutuação de salário em outros ecossistemas, por exemplo, vendedores que faturam mais alto durante o período de Black Friday, mas depois passam o ano todo sem resultados expressivos; ou profissionais que experimentam um *boom* nas vendas em períodos sazonais, como fim de ano, volta às aulas e outras ocasiões.

O que acontece quando não há constância, previsibilidade? Muitas vezes, vejo que esse profissional fica com a sensação de que não está cumprindo seu propósito com as vendas. À medida que segue nesse círculo vicioso – vender menos, ganhar menos –, faz com que a própria mente se volte contra ele. Algum tempo depois, é comum que a família comece a cobrar resultados e pressioná-lo.

Abri um canal de comunicação em meu Instagram. Certa ocasião, um vendedor comentou que a esposa perguntava por que ele não voltava a ser pedreiro em vez de continuar trabalhando como vendedor. Perceba que o ponto principal não é a profissão – ela poderia estar cobrando que ele fosse professor, dentista, advogado ou qualquer outro exemplo –, e sim que a descrença no universo das vendas, prioritariamente por conta dessa falta de constância e previsibilidade, afeta, sim, o modo como o vendedor se enxerga, e, consequentemente, o modo como a própria família o enxerga.

É como se tudo conspirasse contra. Com a flutuação constante de salário e a falta de resultados por um longo período, é como se ele não estivesse garantindo o próprio futuro e o da família. O que, por outro lado, vai totalmente na contramão da prosperidade, pois a prosperidade pode, sim, ser vista como a previsibilidade de futuro em relação à renda, isto é, saber exatamente quanto vai receber e o que terá disponível para viver, ter conforto, poder aproveitar a vida. Prosperidade é previsibilidade. E se o vendedor não tem previsibilidade, também não sente que encontrou a prosperidade.

A previsibilidade é, portanto, o ápice do resultado daqueles que têm constância em vendas e já aprenderam a transformar tempo em dinheiro. Previsibilidade demonstra prosperidade genuína. Falaremos em detalhes sobre isso ao longo dos próximos capítulos, mas meu objetivo agora é que você avalie se até aqui sua jornada tem sido ou não pautada na falta de resultados contínuos.

Com essa falta de constância, mesmo ganhando dinheiro, o vendedor não se sente no direito de gastar – ou de gastar como gostaria. É praticamente como se tivesse o toque de Midas, transformando em ouro tudo o que toca, mas não pudesse aproveitar, assim como Midas percebeu que o presente que havia recebido de Dioniso era uma maldição.[4] É um mito que ilustra muito bem essa jornada que pode estar afetando a vida do vendedor. Se esse for o seu caso, saiba que não está sozinho.

FOCO NO PRODUTO

Para contextualizar este ponto, vamos voltar à Segunda Guerra Mundial. Naquele período, as empresas estavam entrando em um modelo de hiperprodutividade, e o foco estava no produto. Ou seja, podemos dizer que as fábricas, para suprir as demandas da guerra, produziam produtos em massa, como caminhões, armas, munição e suprimentos. Quando a guerra terminou, as fábricas ainda tinham alta capacidade de produção, continuavam produzindo, mas agora não tinham "clientes" para vender os produtos.

Foi então que precisaram encontrar uma maneira de fazer marketing, instigar o desejo de consumo, para escoar os gigantescos estoques de produtos parados. Ou seja, a vontade e o desejo dos clientes foram, por muitos anos, o último elemento da cadeia de vendas. Primeiro, fabricava-se o produto. Depois, pensava-se em como vender. Era normal, nesse período, que os negócios estivessem com estoques de produtos "encalhados" que precisavam ser vendidos, e não estavam

[4] SILVA, D. N. Rei Midas. **História do Mundo**. Disponível em: https://www.historiadomundo.com.br/grega/mito-do-rei-midas.htm. Acesso em: 24 maio 2025.

preocupados se o consumidor efetivamente queria aquilo. Então o marketing surge para gerar esse desejo no cliente.

Com o passar dos anos, com a nossa evolução como seres humanos, apesar de não precisarmos mais produzir desenfreadamente, a realidade é que, infelizmente, esse foco no produto permaneceu nos treinamentos de vendas. Mas a dinâmica mudou e o cliente não é o mesmo. Não dá para esperar que o consumidor esteja disposto a comprar a qualquer custo, concorda? Então por que seguiríamos treinando vendedores para olharem apenas para o produto? Não faz sentido. E é aqui que entra outro fator importantíssimo na falta de resultados para vendedores.

Seguimos por anos e anos valorizando apenas os produtos. Mas essa técnica de vendas, que é muito antiga, precisa cair por terra. O produto é importante, sim, mas não pode ser o fator determinante para que um contrato seja assinado e uma venda seja efetivada. Quando comecei como vendedor, aprendi tudo sobre o produto e pouco sobre o cliente. Ouso dizer que quem fez treinamentos entre os anos 1990 e 2020 provavelmente tenha aprendido apenas sobre o produto. E agora percebe que esse foco já não faz mais sentido!

Naquela época, se a minha mãe quisesse comprar um item específico, provavelmente teria uma ou duas opções de escolha, no máximo. Hoje, ela pode comprar nos mais variados sites, lojas, marketplaces, cidades e até mesmo países. Se estiver procurando um item para a casa, por exemplo, em vez de ir até o centro da cidade e pagar mais caro comprando em uma loja, ela pode simplesmente pesquisar em um site internacional várias opções do mesmo item e pagar mais barato, se assim quiser.

Isso significa que focar apenas o produto já não faz mais sentido. É preciso tirá-lo do ponto central e passar a olhar para as pessoas e os comportamentos. É preciso utilizar o conhecimento técnico adquirido nessa área e estudar mais, para não replicar os modelos aprendidos no passado. É preciso entender que o cliente não toma apenas decisões lógicas, mas também pautadas no subconsciente. Por isso, em vez de focar o produto, é essencial destacar a solução que está sendo vendida. Quando finalmente entendi isso, o jogo mudou. E você também vai entender.

NÃO É SÓ SOBRE DINHEIRO

Para finalizar, quero quebrar uma objeção que pode estar lhe atormentando. Quando falo sobre situações comuns do vendedor, quero que entenda que tudo isso não é apenas sobre dinheiro – apesar de ser um ponto importante. Há dois tipos de problemas: os que o dinheiro resolve e os que o dinheiro não resolve.

Nesse sentido, 50% das nossas preocupações podem ser resolvidas com dinheiro, como pagar as contas em dia, comprar serviços melhores e aproveitar mais oportunidades. Os outros 50%, o dinheiro não resolve e não há riqueza no mundo que faça diferença. Se quer ver isso de perto, basta ir a uma UTI ou um hospital e observar pacientes sob cuidados paliativos. Há problemas que somente um abraço apertado, uma palavra ou um gesto sincero de alguém que se ama podem minimizar.

É interessante que, enquanto não temos dinheiro, ficamos obcecados com os problemas que ele resolveria. Quando finalmente o conseguimos, percebemos que os desafios mais profundos estão relacionados àquilo que o dinheiro não resolve, como relações familiares, propósito, saúde e uma infinidade de coisas. Muitas pessoas ganham muito dinheiro, mas se perdem justamente porque não conseguem eliminar os problemas que já não estão mais na superfície.

Então, se você sentiu por algum momento que essa jornada é sobre dinheiro, saiba que não é. O ponto é trazer mais resultados para que você possa focar o que realmente importa, para que possa viver a vida da melhor forma. Percebe a diferença? No fim das contas, dinheiro facilita a vida, mas não garante a felicidade.

Ser um vendedor que olha para os fatores que comentei nesse primeiro momento e ir além dos resultados, do dinheiro adquirido, é alguém que consegue fazer um movimento para sair da média e assumir, com propriedade, o fato de que ser vendedor é a maneira mais fácil de ser sócio de uma empresa e elevar o nível social. Significa chegar em casa e não ficar pensando que poderia ter feito mais, apenas saber que fez o necessário.

Agora, talvez você esteja em um fluxo negativo de vendas e se identifique diretamente com os problemas, sintomas e sentimentos sobre os quais comentei ao longo das últimas páginas. Mas o propósito é ir além e proporcionar que você possa, daqui em diante, escolher o que vai comer no restaurante na coluna esquerda, que possa viver e aproveitar, e não se manter na média dos vendedores que ganham até 3 mil reais por mês.

Comece a internalizar, de uma vez por todas, que vendas é o caminho mais rápido para escalar seus ganhos. Mas tenha empatia consigo. Avalie a sua jornada, as dores sobre as quais conversamos, e tenha em mente o que mais está doendo aí, agora. Com essa dor, quero gerar transformação a partir da clareza do próximo capítulo.

CAPÍTULO 2

O QUE SEPARA VENDEDORES MEDIANOS DE EXTRAORDINÁRIOS

Em minhas palestras, sempre uso uma parábola para explicar como é possível avaliar os dois lados de uma mesma moeda. Tomo, então, a liberdade de escrevê-la aqui com as minhas próprias palavras, fazendo uma releitura da versão original.

Há muitos e muitos anos, havia um camponês que morava em um vilarejo. Certo dia, em uma manhã fria e tempestuosa, ele esqueceu a porteira do estábulo aberta e perdeu seu cavalo predileto, que fugiu assustado e não foi mais visto. Um vizinho do camponês, que tinha ouvido a história, foi falar com ele: "Nossa, não acredito que você esqueceu a porteira aberta e perdeu seu melhor cavalo. Que tragédia! A desgraça está em seu lar". O camponês, com um olhar sereno, olhou para o vizinho e disse: "Não sei se é tudo isso, não, viu?! Não sei se é algo bom ou ruim, só o tempo vai dizer".

Algum tempo depois, o filho do camponês, quando ia a outra cidade buscar suprimentos, se perdeu e não voltou mais. O vizinho, tão logo soube do acontecido, foi até a casa do camponês lamentar o ocorrido: "Camponês, você precisa se cuidar, a maldição paira sobre a sua casa. Cadê o seu Deus? Primeiro foi o cavalo, agora o seu filho". O camponês disse apenas: "Não sei se é tudo isso, não, viu?! Não sei se é algo bom ou ruim, só o tempo vai dizer".

Passado mais algum tempo, o filho que estava perdido encontrou o cavalo e ambos voltaram para casa, sãos e salvos. E novamente veio o vizinho: "Que maravilha, camponês! Que bênção. Deus voltou a ficar a seu favor. O cavalo e o filho voltaram, a casa está completa novamente". E o camponês, muito sábio, respondeu as mesmas palavras de sempre: "Não sei se é tudo isso, não, viu?! Não sei se é algo bom ou ruim, só o tempo vai dizer".

Meses depois, enquanto o filho cavalgava pelas montanhas com o cavalo, acabou caindo e quebrando as duas pernas. E lá veio o vizinho, agora lamentando a tragédia que havia acontecido com o homem, e o camponês mais uma vez retomou o seu mantra, dizendo que só o tempo mostraria se era bom ou ruim.

Por fim, uma guerra explodiu nos arredores, e todos os homens em idade boa foram chamados para lutar nas batalhas. Por ter caído do cavalo e estar com as duas pernas quebradas, o filho do camponês não foi convocado, uma bênção segundo as palavras do vizinho, que comentou o quanto Deus estava olhando novamente por aquela família. Ao ouvir essas palavras do vizinho, mais uma vez o camponês respondeu: "Não sei se é tudo isso, não, viu?! Não sei se é algo bom ou ruim, só o tempo vai dizer".

Moral da história: não existe nada bom ou ruim, tudo depende da maneira como olhamos para o que está acontecendo. Assim é a vida e assim é para um vendedor. Do mesmo modo que a chuva pode ser ruim para quem está vendendo guarda-sol na praia, pode ser boa para quem está vendendo capa de chuva no estacionamento. O calor forte pode ser ruim para quem vende casacos, mas pode ser muito bom para quem vende sorvetes. Um aumento na política de juros do país pode ser ruim para quem vende imóveis financiados, mas beneficiar quem vende consultoria financeira para investimentos mais seguros. O fechamento de uma loja física pode ser um grande desastre para quem depende do ponto físico comercial, mas representar uma oportunidade para quem vende soluções de e-commerce. Percebe como há sempre dois lados para a mesma situação?

Para nós, vendedores, entender essa diferença entre o que pode ou não parecer bom/ruim é um primeiro passo para a consciência do que é vender melhor e com mais resultados. Quero explorar mais pontos relacionados aos motivos pelos quais vendedores podem não estar atingindo os resultados que gostariam, mostrar sobre o que é fundamental compreender e como ter um novo olhar para o que pode estar acontecendo. E o primeiro deles é a *falta de propósito em relação a ser um profissional de vendas*.

Não é culpa sua, mas a realidade da maior parte dos vendedores é que não nascemos com o propósito claro e genuíno de que nosso maior sonho seria trabalhar com vendas. Estou certo? A maioria dos profissionais de vendas que conheço não nasceu querendo trabalhar com vendas. Quando eram pequenos, se fossem questionados sobre o que queriam ser quando crescessem, a resposta provavelmente não envolveria vender. Eu diria, inclusive, que pouquíssimas pessoas escolheram a profissão de vendas como a carreira dos sonhos. Mas, como comentei no início do capítulo, há sempre um outro lado da moeda. Mesmo que você não tenha nascido com aquela vontade interna e genuína de ser vendedor, isso não significa que você não poderá desenvolver essa habilidade e enxergar com novos olhos. Na minha própria história, também foi assim.

Não nasci com uma ideia fixa e imutável de que meu grande sonho era ser vendedor. Foi algo desenvolvido, ajustado e adquirido ao longo do meu tempo de profissão. Entendi que ser vendedor era algo que me traria orgulho. Internalizei isso, e então passei a enxergar o copo meio cheio. E você, como enxerga as vendas hoje? Isso sempre foi seu sonho, seu grande desejo? Se não, seria interessante refletir sobre essa profissão, assim como eu fiz. As soluções que você vende, sejam produtos ou serviços, transformam a vida de pessoas. Pense sobre isso.

Outro ponto impeditivo para não prosperar em vendas é a *falta de foco no que dá resultado*. Como assim? É simples: você pode ser um ótimo profissional em cavar buracos, mas, se não cavar no lugar certo, não chegará a lugar algum. É uma máxima que trago sempre em minhas aulas, mentorias e palestras. Muitos vendedores são bons, mas colocam energia nos lugares errados.

Entre outros motivos, isso acontece pela quantidade de distrações nos dias de hoje. A tecnologia, como tem sido usada atualmente, proporciona liberação rápida e fácil de dopamina ruim. Quando passamos horas e horas rolando o feed, sem agregar nada ao nosso repertório, recebemos uma alta carga de dopamina, por isso é muito mais prazeroso ficar em redes sociais do que prospectando clientes ou investindo tempo com atividades que dão trabalho – mas trazem resultados. As distrações constantes tiram o foco do vendedor do que realmente importa. Estamos viciados em ambientes que não proporcionam crescimento, o que, por sua vez, não gera os resultados em vendas que gostaríamos. Se o vendedor persiste em atividades erradas, gastando energia e fosfato no que não traz resultados, vai continuar sendo um vendedor medíocre. Não é falta de esforço nem de trabalho, mas de direcionamento inteligente para o que é importante.

Outro fator que contribui diretamente para a falta de foco no que dá resultado é não dar atenção para as atividades que trarão vendas. Conheci diversos profissionais que passavam o dia inteiro produzindo. Chegavam em casa exaustos depois de um dia inteiro de trabalho duro e dedicado, longe de redes sociais. Eles tinham executado muitas tarefas, porém nenhuma que proporcionasse o fechamento de uma venda, obter novos clientes ou criar um relacionamento com quem já era cliente e significava uma nova venda em potencial.

Eram vendedores que passavam muito tempo ocupados, mas pouco tempo produzindo, sem fazer atividades essenciais que trariam resultado, tema que vou explicar no Capítulo 6. Há uma diferença enorme entre se ocupar e produzir. Produzir é tudo aquilo que leva aos resultados desejados. Ocupar-se é importante, mas não proporciona o que é preciso para avançar. Tudo isso, por sua vez, influencia diretamente um ciclo que denomino *circuito errado de pensamentos*.

Há algum tempo, meu videomaker me contou sobre sua dieta para perder o tão temido sobrepeso. Ele disse que buscava mudar o estilo de vida para algo mais saudável. Então, perguntei: "E como você vai se sentir quando conseguir o corpo que imaginou e a vida saudável que gostaria de ter?" "Ah, vou me sentir maravilhoso, bem-disposto. Vou poder correr na praia sem camisa. Vou viver uma vida mais saudável".

Ué, essa lógica até parece fazer sentido, mas, se pararmos para analisar, está invertida. O modo como agimos e pensamos deveria ser o contrário. É válido que ele queira, primeiro, alcançar o corpo dos sonhos para se sentir saudável, porém ele deveria, antes, fazer as mudanças que o deixariam saudável, como correr na praia, e isso o levaria ao corpo dos sonhos. É uma mudança simples, mas que faz diferença. Agora, quero apenas que comece a vigiar seus pensamentos e, à medida que perceber que estão invertidos, faça o possível para ordená-los.

Na vida pessoal e profissional, a todo momento invertemos o modo como deveríamos pensar para chegar aos resultados que queremos. Um vendedor, por exemplo, não deveria pensar coisas como: "Preciso vender muito para poder me desenvolver e vender ainda mais". Bastaria mudar a dinâmica e partir para algo como: "Preciso me desenvolver sempre mais para poder vender muito".

Essa lógica invertida de pensamentos muitas vezes se assemelha ao modo como o vendedor enxerga a profissão e a si, o que nos leva a *crenças limitantes relacionadas a vendas*.

Vender para se desenvolver X Desenvolver para vender

Sempre ouço amigos dizendo algo que já ouvia dos meus pais quando era pequeno: "Ah, lá vem aquele vendedor de novo. Com certeza vai tentar nos convencer a comprar algo que não queremos". Cresci com a ideia enraizada de que vendedor sempre tenta manipular e persuadir e está sempre "dando um jeito" de obter algo do próximo. Essa visão distorcida, até mesmo pejorativa, que eu tinha, não apenas ficou no subconsciente como se transformou em uma crença limitante que precisei quebrar muitos anos depois, quando já trabalhava com vendas.

Infelizmente, a realidade do vendedor é lidar com as crenças negativas da profissão, sejam internas ou externalizadas por consumidores e outros profissionais. Alguns exemplos: "Vender é enganar as pessoas", "Só quem nasce com talento pode ser um bom vendedor", "Ser vendedor é profissão de quem não conseguiu nada melhor", "Sou muito introvertido para ser um bom vendedor", "O mercado está ruim, ninguém está comprando, por isso não vou vender", "Ser vendedor é sinônimo de desespero por dinheiro", "Trabalhar com vendas não dá futuro", "Vendedor é insistente e inconveniente", e por aí vai.

São muitas crenças relacionadas a vendas que podem fazer parte da vida do vendedor. E elas precisam ser quebradas, pois ficam no subconsciente e não permitem que ele avance ou encontre propósito na profissão. Um amigo vendedor, antes de sair para o trabalho, despede-se da filha dizendo que não está indo trabalhar, mas sim mudar o mundo ao redor, ao oferecer um produto que transforma a vida das pessoas.

Crenças limitantes, portanto, funcionam como uma programação mental. Por acreditar nesses pontos irreais e negativos da profissão, é a partir do *viés de confirmação das crenças negativas* que o vendedor não consegue avançar.

Imagine um aluno iniciando o ano escolar. O professor pede à turma que leia um livro, mas já avisa que será uma tarefa chata e ruim, porque o livro é denso, então será muito difícil concluir a leitura. É bem provável que esse aluno tenha uma enorme dificuldade de ler o livro. Isso acontece porque há um mecanismo no cérebro denominado viés de confirmação, que é a nossa predisposição a lembrar, pesquisar ou procurar maneiras de confirmar hipóteses iniciais sobre os mais variados temas.[5] Ou seja, se o professor já "deu a dica" de que aquela leitura vai ser dificílima, o aluno inconscientemente buscará maneiras de confirmar que isso é verdadeiro, e vai experimentar uma leitura realmente complexa.

Vendedores, por carregarem essas crenças limitantes relacionadas a vendas, muitas vezes carregam também o viés de confirmação e se impedindo que algo dê certo ou traga resultados. Por acreditar verdadeiramente na crença, limitam-se e não se dão conta de que podem ser diferentes, que podem alcançar novos – e melhores – resultados. Pensam que não há como mudar ou transformar aquilo em outro modo de fazer vendas. Mas há. Não dá para deixar que as crenças limitantes sobre vendas e o viés de confirmação continuem ditando o que vai ser ou não feito. Pare por um momento e pense sobre quais crenças limitantes podem estar impedindo você de ter melhores resultados. O que você acredita sobre si e sobre sua profissão hoje?

Há duas maneiras de olhar vendas: colocar nos olhos a lente da limitação, da obrigação (de que está vendendo para pagar boletos e sobreviver), ou enxergar com a lente de que está ali para mudar o mundo, para fazer o cliente comprar a solução que transformará sua vida, assim como meu amigo fala para a filha. No primeiro caso, é o profissional que vende por obrigação e só por vender. Os clientes o detestam, ele não atinge resultados e faz tudo por interesse próprio. Esse é o que queremos evitar. O segundo é o profissional que finalmente entende o quanto faz diferença no mundo. Ele sente uma profunda sensação de realização, há uma quebra das crenças negativas que envolvem vendas.

E não há como ser um bom vendedor sem entender de comportamento. Sem enxergar o melhor no que se faz. Sem olhar para si, ter autoconhecimento, avaliar o próprio comportamento, o do cliente e as relações. Não há como ser um bom vendedor sem ser um bom ser

---

[5] KAHNEMAN, D. **Judgment Under Uncertainty**: Heuristics and Biases. Cambridge University Press, 1982.

humano. Sem base não há resultados. Vendedores que descobrem que o ouro das vendas está no comportamento mudam completamente a mentalidade e a própria vida. O comportamento é algo estudado nos mais variados contextos e profissões.

Em um levantamento feito pela Page Personnel, uma consultoria de recursos humanos e recrutamento, foi verificado que 90% dos colaboradores são contratados pelo perfil técnico e desligados por questões comportamentais.[6] No capítulo anterior, comentei sobre o excesso de técnica e falta de comportamento. Pois é. Apesar de contextos diferentes, esse dado também se relaciona com nosso tema. Empoderar-se em relação ao comportamento é indispensável, inegociável. Vendedores que entendem de comportamento vão além, vendem muito mais.

Em resumo, a realidade que precisa mudar em sua mente a partir de agora é que o cliente não compra pelos seus motivos como vendedor, e sim por seus próprios motivos como consumidor. Está claro para você? A partir do momento em que o vendedor quer vender por vender, impor o que quer, a venda não vai acontecer. Não há técnica no mundo que salve essa compra. E, para mudar essa lógica, o comportamento é fundamental, porque conduz o cliente e personaliza a venda pela experiência de cada um.

Gostei de uma frase que vi certa vez: o destino embaralha as cartas, mas somos nós quem decidimos como jogar. Em vendas, é possível comparar o processo de crescimento ao jogo de baralho. Do destino, você até vai receber as cartas embaralhadas, mas também poderá escolher como joga. Eu adoro pôquer, e posso dizer que já vi de tudo nesse jogo. Já vi aqueles que começaram com uma mão fortíssima e acabaram perdendo tudo. E jogadores que começaram com cartas fracas, viraram o jogo e saíram vencedores.

Por que isso acontece? No pôquer, assim como em vendas, muitas vezes o que dá certo não diz respeito às cartas que recebemos, mas às

---

[6] GOLEMAN, D. **Inteligência emocional**: a teoria revolucionária que redefine o que é ser inteligente. São Paulo: Objetiva, 1996.

decisões estratégicas que colocamos em prática ao longo da partida. O que realmente importa não é o modo como o jogo começou, e sim as jogadas que você fará a partir de agora. Minha proposta é que jogue a partir do comportamento, a partir da mudança, para ter novos resultados. É isso que faz a diferença entre quem apenas participa e quem realmente vence o jogo da vida e das vendas.

Exercício: crenças limitantes

Agora que já entendeu o impacto das crenças limitantes em vendas para a sua jornada, é hora de descobrir quais são elas e como mudar isso.

1. Feche os olhos, imagine um valor que você considera razoável para vender em um mês. Pode ser um número com o qual você já esteja confortável. Se vende produtos de valor mais acessível, pense no total em faturamento. Se vende serviços, considere o volume de vendas.

2. Agora, aumente esse valor para algo um pouco acima do que você acredita ser possível. Perceba como isso parece desafiador, mas ainda dentro da realidade.

3. Por último, imagine que precisa vender cinquenta vezes esse valor. Algo que, para você, parece quase inalcançável.

4. Observe seus pensamentos e responda para si:

- Qual foi a sua primeira reação?
- Sua mente disse que é impossível?
- Você pensou algo como "Isso é muito para mim" ou "Nunca conseguiria vender tanto"? Quais frases vieram à sua cabeça?

5. É hora de abrir os olhos e anotar imediatamente o que passou pela sua mente nesse exercício. Escreva todos os pensamentos que surgiram e como se sentiu quando aumentou o número para um patamar absurdo.

6. Leia o que escreveu. Olhe essas frases como possíveis crenças limitantes que podem estar travando você! Elas representam os bloqueios que você criou sobre seu próprio potencial.

Desafio extra

Pegue uma dessas frases e transforme-a em algo positivo. Se você escreveu "Isso é muito para mim", por exemplo, pode anotar algo como "Eu vou aprender os meios de alcançar esse número". Ou então "Tenho capacidade de chegar a esse valor".
O objetivo é mostrar que o único limite real é aquele que você aceita como verdade.

CAPÍTULO 3

PARA SER UM ÓTIMO VENDEDOR É PRECISO ENTENDER DE COMPORTAMENTO

Eu já trabalhava na Ademicon havia algum tempo, com o time formado. Numa determinada tarde de sexta-feira, recebi uma ligação que mudou tudo o que eu fazia até então. Nunca vou me esquecer. Eu morava em Curitiba e fazia muito calor. O celular tocou, e na tela apareceu um número desconhecido. Poderia ser um cliente, um vendedor, alguém do time, ou qualquer pessoa que precisasse falar comigo naquele momento. Mas não era nenhuma dessas opções.

Quando atendi, era uma mulher falando do outro lado da linha. Ela se apresentou e me disse que era esposa de um de meus vendedores. E disse mais ou menos o seguinte: "Patrick, estou ligando para conversar sobre o meu marido. Antes de trabalhar com você, ele tinha um cargo CLT estável. Você fez uma proposta, e ele aceitou trabalhar ao seu lado com vendas. Desistiu do CLT e começou a trabalhar com você. Então estou ligando para saber quem vai comprar o leite das minhas crianças esta semana. Antes, meu marido tinha salário fixo, e agora que você o tirou de lá, ele não tem mais".

Fiquei em choque. As palavras sumiram por alguns segundos. Com muito cuidado, conversei com ela, mas uma voz no fundo da minha mente ficou gritando bem alto, tentando entender o que estava acontecendo e por que aquilo tinha acontecido. Relembrando algo que comecei a contar na introdução, foi nessa época que eu recrutei um time de vendas maior, e eles não estavam tendo os mesmos resultados que eu havia tido, e eu não entendia ainda por quê.

Depois que desligamos, acalmei o coração e fiquei me perguntando por que vender tinha sido mais "fácil" para mim. Por que eu havia entrado no jogo e rapidamente evoluído, enquanto outros vendedores não tinham a mesma facilidade? Por que, "diacho", esse vendedor que trabalhava comigo não estava performando? O que responderia a todas essas perguntas? Fui para casa, passei o fim de semana estudando, tentando analisar por que alguns vendedores do time vendiam muito, e outros, praticamente nada.

Mesmo que racionalmente eu soubesse que a esposa não poderia me responsabilizar, ainda assim essas dúvidas permearam meus pensamentos por algum tempo. Eu poderia ser um líder que prospera vendo os colaboradores do time sem a mesma sorte, ou mudar as regras e ensiná-los a se moldarem para prosperarem junto comigo. Escolhi a segunda opção, claro. Enquanto líder, cedi espaço para uma pessoa trabalhar comigo, e comecei a mapear o que estava acontecendo, para conseguir que ela e todos os colaboradores da equipe pudessem ter sucesso.

Mas, durante algum tempo, não consegui respostas. Avaliei a parte técnica de vendas. Éramos o mesmo grupo de vendedores, fazíamos parte do mesmo sistema, havíamos recebido o mesmo treinamento. Tudo era exatamente igual, porém, alguns vendedores batiam metas, e outros não. Alguns prosperavam, outros não. Comecei a pesquisar. Buscar, estudar, testar e fazer mudanças para entender o que poderia dividir a linha tênue que separava os meus melhores dos piores vendedores.

Foi nesse momento que me deparei com a primeira ferramenta que fez diferença, o perfil DISC, uma avaliação psicológica que classifica as pessoas a partir de quatro perfis comportamentais: dominância (D), influência (I), estabilidade (S) e conformidade (C). Bingo! Na época, havia 45 vendedores trabalhando comigo, e os 5 melhores, com resultados mais altos, tinham perfil dominante. Quando peguei o resultado, percebi que essa era a primeira pista que eu tinha encontrado para algo muito maior. Foi um despertar para o autoconhecimento. Porém, o perfil dominante não seria o único possível para prosperar em vendas, conforme descobri mais tarde, mas precisava ter no radar quais características eram únicas desse perfil e poderiam ajudar os outros.

Hoje, já mapeei e criei meu próprio perfil de vendas, com ferramentas e características indispensáveis para consultores especializados na venda de consórcio. E, conforme já mencionei, a solução para isso foi entender sobre comportamento. Quem entende de comportamento vende mais. E vive melhor. Se você quer ser um bom vendedor, precisa entender de comportamento. Como? Em primeiro lugar, conhecendo mais a si. Depois, conhecendo o cliente. Por último, entendendo como se relacionar com ele. Entender de comportamento torna possível melhorar os resultados em tudo o que se faz.

A partir da ligação de um número desconhecido, tive meu despertar para algo grandioso que mudaria o formato de como faço vendas. Naquela época, foi a esposa de um dos meus vendedores que tomou essa atitude, mas poderia ter sido um familiar seu me ligando para perguntar por que você não está performando como deveria. Talvez já tenha acontecido algo parecido com você, seja por uma atitude sua ou de um terceiro questionando seus resultados.

Assim, depois dessa primeira descoberta do perfil comportamental e de como essas três esferas do comportamento influenciam os resultados dos profissionais que trabalham com vendas, precisei buscar comprovações de tudo o que havia descoberto. Já tinha passado algum tempo, e agora a empresa tinha aproximadamente 400 vendedores, então decidi criar algo que chamei de Sala VIP: um espaço separado para todos os que queriam vender melhor aprimorar seus conhecimentos sobre o tema. Isso aconteceu em 2021. Enfrentei grande objeção no início, pois alguns profissionais achavam que aquilo era "balela". Separei um horário, às 6 horas da manhã, diariamente, e fiquei disponível para quem quisesse participar.

A Sala VIP era um espaço para quem queria vender mais e aprender sobre comportamento, e ali falávamos sobre tudo! Tudo o que eu havia aprendido, o que era importante e como transformar o que se fazia. Aos poucos, criei uma comunidade. Estendi o convite para minha conta no

Instagram, e até hoje faço *lives* para a comunidade fechada da Sala VIP. Vi muitos vendedores multiplicarem seus resultados depois que passaram a entender sobre comportamento, até porque a técnica é a base, mas é só com o comportamento que há um impulso verdadeiro. Essa é a fórmula.

Mas é preciso ter cuidado para não cair na armadilha de tentar mudar o comportamento do outro. Você, enquanto vendedor, vai aprender sobre persuasão, técnicas de negociação e como entrar na mente do cliente. Mas não é só isso que impacta o resultado. O que de fato gera resultados imediatos é você cuidar do próprio comportamento e investir no autoconhecimento, sempre atento para não negligenciar esse processo.

Nos próximos capítulos, para que você possa prosperar nesse ecossistema, vou aprofundar essas esferas do comportamento em vendas, partindo da premissa que chamo de CCS: consciência, conhecimento e sabedoria.

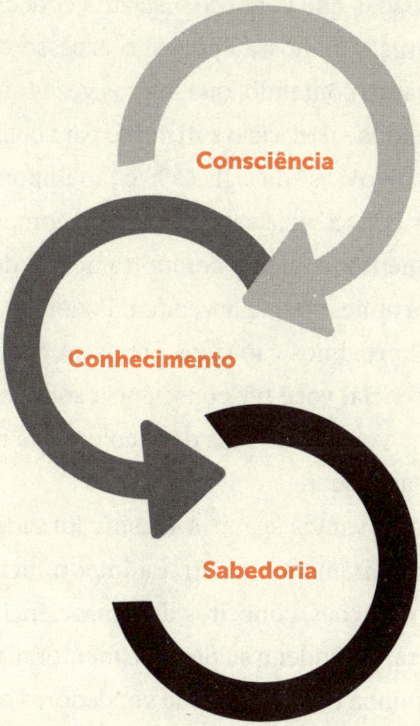

Em primeiro lugar, há a *consciência* sobre o próprio comportamento. Depois, é preciso *conhecimento* sobre o relacionamento com o cliente, sobre como lidar com ele. Na vida, precisamos adquirir conhecimento sobre os mais variados temas para obter os melhores resultados. A última camada, por fim, é a *sabedoria*. Mas como isso funciona?

Vivemos em uma era de excesso de informação. A tecnologia, a internet e as inteligências artificiais ampliaram o acesso ao conhecimento e democratizaram a sua disseminação. Ainda há uma barreira a ser transposta, até porque a informação infelizmente não é universal, mas ela é, sim, de muito mais fácil acesso do que era em tempos antigos. E nem estou falando sobre cinquenta ou cem anos. Basta avaliar os últimos vinte anos para entender como a informação é muito mais democrática e dispersa.

Com ela, porém, há excessos. Excesso de tudo, a ponto de ficarmos sem saber o que devemos absorver, o que devemos aplicar, como fazer isso, entre outros problemas. Você também se sente assim? A maioria esmagadora das pessoas que conheço – sejam vendedores ou não – se sente. O grande gargalo da nossa época é o excesso de informação. É tanta informação, tanto conteúdo, que muitas vezes até podemos estudar algo, mas não temos *sabedoria* o suficiente para colocar em prática e aplicar. Por esse motivo o "s" da sigla CCS é tão importante.

Não adianta ter consciência sobre o próprio comportamento, tampouco ter conhecimento técnico e comportamental de vendas, se não tiver sabedoria para aplicar o que aprendeu. Poderoso, não é? Partir da premissa de que os próximos capítulos precisam começar com CCS é fundamental. É essencial você ter consciência sobre si, aprender todo o conhecimento que vou passar, mas deve colocar na mesa a sabedoria para usar o que vai aprender.

A partir de agora, vamos seguir a mesma jornada que segui com minha Sala VIP. Primeiramente, mostrei a importância do autoconhecimento: entender emoções, conceitos de neurociência, como a mente humana se comporta, entender a si, fluxo de memória, raciocínio e muito mais. Ensinei à minha comunidade de vendedores operar a máquina chamada "eu". O resultado? *Boom*. Altíssima performance.

Em seguida, vamos falar sobre o cliente. Quanto mais conhecimento o vendedor tem sobre comportamento, mais ele conhece o cliente. É um tanto óbvio, mas muitas vezes é no simples que residem os resultados. Quer um exemplo? Imagine que o cliente quer comprar um carro. Ter um carro legal é muito mais do que comprar transporte, idas e vindas ao trabalho, à academia ou passeios com a família. Comprar um carro, para alguns, é uma realização pessoal. Em vez de apenas vender um carro, você precisa chegar à essência do cliente, imaginar como ele se sentiria ao dirigir o carro novo até o futebol semanal. Quando descobrir o interesse e o sentimento genuíno desse cliente para a compra, ficará muito mais fácil oferecer o melhor para ele.

Vendas não é sobre o que está sendo oferecido, e sim sobre a realização do cliente. Com essa clareza, é possível gerar um senso de urgência no próprio desejo do cliente. Perceba, contudo, que aquela velha história de que o vendedor está embutindo ideias na cabeça do cliente é uma falácia. Como consumidor, não quero que ninguém fique tentando entrar na minha mente para me empurrar uma venda. Já estamos programados a evitar esse tipo de vendedor. Quero que o vendedor me ajude a encontrar o que preciso para eu me sentir mais realizado. Ponto-final.

A terceira e última esfera: o relacionamento com o cliente. Mostra como interagir melhor com ele, como trazer a empatia como peça fundamental para esse quebra-cabeça. Vendas é uma transferência de crenças, e empatia é o elo que faz a ligação entre o vendedor e o cliente. Quanto mais empatia, mais fácil será o relacionamento com quem está do outro lado da mesa.

O próprio Robert Cialdini, psicólogo e especialista em influência, falava sobre ter uma percepção apurada de que, se queremos que o outro aceite nossas ideias, não podemos iniciar a relação com atrito, menosprezando o outro e brigando com ele.[7] Já foi a época na história da humanidade em que ser temido era mais importante do que ser

---

[7] ROBSON, D. Os 7 princípios-chave para ser influente e persuadir os outros. **BBC**, 29 set. 2024. Disponível em: https://www.bbc.com/portuguese/articles/czxgn7ew971o. Acesso em: 28 maio 2025.

amado. Hoje, na configuração social em que vivemos, é muito melhor ser amado e querido. Para isso, o vendedor precisa ser empático e entender sobre os seres humanos.

A partir de agora, não tem mais como voltar atrás. Você fará o que chamo de plano de voo. Com comprometimento, leia, reflita, anote, adapte-o à sua realidade, dedique-se e o coloque em prática. Do mesmo jeito que tive coragem de vir aqui compartilhar tudo o que sei e deu certo até então, quero que tenha a mente aberta para tudo o que vamos falar e aceite com reciprocidade o que estou oferecendo.

Não quero que você seja mais um vendedor que não enxerga propósito na profissão porque está olhando vendas de modo errado. Meu objetivo é que você aprenda, aplique e sinta prazer e orgulho de falar que é vendedor dentro do seu nicho.

Desejo que vendedor algum tenha que viajar para vender um serviço sem um real no bolso para a passagem de volta, como aconteceu comigo no início, em uma viagem a São Paulo. Quero que você saia daqui como um grande vendedor, aquele que prospera, que transformou não apenas a própria vida, mas a da família e a do círculo social.

Desejo que você possa ter, em vendas, algo parecido com a dopamina que foi liberada naquele momento de felicidade quando fechou sua primeira venda. Aquele fio de esperança que sentiu ao pensar que estava no caminho certo. Acredite, você está. Só não descobriu ainda as ferramentas adequadas para isso.

De fato, vamos passar um terço da vida trabalhando. Não se sentir realizado no trabalho significa estar no caminho errado. Então é hora de mergulhar no universo do comportamento em vendas. E a primeira parada do nosso plano de voo será o self. Vejo você lá!

PARTE 1

1ª CAMADA: COMPORTAMENTO SELF

Acredito, sinceramente, que somos uma partícula de Deus presa em um corpo terreno para evoluir. Desde quando estávamos na barriga da nossa mãe, fazendo pequenos movimentos com os braços e as pernas, já estávamos em um processo de aprendizado sobre nós mesmos. Desde o primeiro segundo de vida, estávamos criando conexões, que resultam em aprendizados a partir de experiências que vivemos ao longo do tempo. Com essas conexões e esses aprendizados, evoluímos. Damos o próximo passo.

Essa é a base e a nossa primeira parada dentro do espaço em que você vai aprender a como vender mais. É uma etapa filosófica, teórica e prática: aprender sobre si, sobre o self, que é o seu eu e o modo como você se comporta. Self envolve o corpo físico, o processo de pensar e a experiência única que se vive. É o modo como nos diferenciamos de outros indivíduos.

Estudar o comportamento self, portanto, é conhecer a si, e não será possível conhecer o cliente, tampouco a relação que você vai estabelecer com ele, sem olhar para si. E como é possível fazer isso? A partir do acrônimo MAC: mergulhar, ativar e continuar.

Essa será a primeira parte da jornada.

CAPÍTULO 4
MERGULHAR

Quero começar contando duas histórias: a primeira, uma passagem bíblica, dá o tom do motivo pelo qual mergulhar é tão importante; a segunda, algo que aconteceu comigo, mostra como finalmente compreendi isso em minha jornada.

Conforme o livro de Atos (3:1-8):

> *Certo dia, Pedro e João subiam ao templo na hora da oração, às três horas da tarde. Estava sendo levado para a porta do templo, chamada Formosa, um aleijado de nascença, que ali era colocado todos os dias para pedir esmolas aos que entravam no templo.*
>
> *Vendo que Pedro e João iam entrar no pátio do templo, pediu-lhes esmola. Pedro e João olharam bem para ele e, então, Pedro disse: "Olhe para nós!". O homem olhou para eles com atenção, esperando receber deles alguma coisa.*
>
> *Disse Pedro: "Não tenho prata nem ouro, mas o que tenho, isto lhe dou. Em nome de Jesus Cristo, o Nazareno, ande".*
>
> *Segurando-o pela mão direita, ajudou-o a levantar-se, e imediatamente os pés e os tornozelos do homem ficaram firmes. E de um salto pôs-se de pé e começou a andar. Depois entrou com eles no pátio do templo, andando, saltando e louvando a Deus.*

Moral da história: Pedro e João poderiam ter oferecido uma moeda ao pedinte, mas ofereceram algo muito maior. Nem sempre é sobre dinheiro, nem sempre é sobre o ganho financeiro, sobre o valor recebido pela troca. Muitas vezes, é sobre mudar. E como mudar? Olhando para dentro. O vendedor muitas vezes acredita que, por querer vender mais, vai conseguir isso apenas pensando no ganho financeiro. Mas essa disrupção não acontece se o interesse genuíno for apenas financeiro. É preciso começar pelo caminho da autodescoberta, mergulhando em si para avaliar o que pode estar acontecendo.

Comigo foi assim. Por muitos anos achei que o dinheiro era o único motivador para que outros vendedores estivessem trabalhando em meu time. Se tivéssemos resultados, então eles permaneceriam. Pensava assim por falta de comportamento self, e só percebi que isso não fazia sentido quando precisei fazer uma mudança interna na Ademicon. Havia sete equipes que poderiam escolher me acompanhar. Fui falar com cada uma delas e, uma por uma, todas recusaram a proposta. Foi uma ruptura. Como assim? Minha equipe apresentava resultados, então por que eles não queriam fazer parte dela? Não fazia sentido. Precisei recomeçar do zero e reconstruir o time. Passei algum tempo me culpando, achando que o problema estava em mim e no que eu oferecia. Só depois, quando mergulhei em meu self, entendi que a escolha de cada uma daquelas equipes não tinha a ver comigo, e sim com o que era importante para elas, na programação mental que elas tinham, algo que conversaremos nas próximas páginas. Era "externo". Porém, para chegar a essa conclusão, precisei olhar o "interno". Precisei mergulhar em mim. E é sobre esse mergulho que falaremos aqui, para que você também possa mergulhar em si.

O ALÍVIO DA NEUROPLASTICIDADE

Em 1975, Dorival Caymmi escreveu uma canção que foi popularizada por Gal Costa: "Eu nasci assim, eu cresci assim e sou mesmo assim, vou ser sempre assim, Gabriela, sempre Gabriela!".[8] Por muitos e muitos anos, realmente achávamos que, se havíamos nascido e crescido de determinada maneira, seguiríamos "sempre" com aqueles mesmos jeitos, hábitos e características. Se havíamos nascido de determinada maneira, permaneceríamos assim. Mas será que estamos mesmo fadados a isso? Segundo o que já foi verificado na Neurociência, a partir da neuroplasticidade, não.

Para quem não sabe, a neuroplasticidade é um dos avanços mais fascinantes da Neurociência. Trata-se da capacidade que o cérebro humano tem de se modificar ao longo da vida. Durante muitos anos, acreditava-se que, à medida que envelhecíamos, "perdíamos" neurônios de modo irreversível e por isso nossas habilidades cognitivas eram fixas. Quem decidia aprender algo depois de adulto – ou um pouco mais velho –, não conseguiria ou teria muita dificuldade porque "já estava desenvolvido em sua capacidade máxima". Se uma pessoa de 70 anos, por exemplo, decidisse voltar a estudar e fazer um novo curso, seria muito complexo, porque as conexões neurais estariam estabelecidas e "cristalizadas".

A Neurociência, contudo, provou exatamente o contrário: o cérebro está, ao longo da vida, em constante aprendizagem, criando novas conexões e adaptando-se.[9] E como isso é possível? Para ilustrar de modo bem simples, imagine dois neurônios. Ao pensar em levantar o braço esquerdo, esses dois neurônios conectam-se, como se fizessem uma ponte entre si. Sempre que pensar em levantar o braço esquerdo, esses dois neurônios criarão essa ponte e farão essa conexão, e quanto mais vezes repetir esse movimento, mais forte será a conexão. Essa ligação entre os neurônios é chamada de sinapse.

Assim, a neuroplasticidade nos mostra que, a cada vez que aprendemos algo novo, o cérebro se reorganiza, faz novas conexões e

---

[8] MODINHA para Gabriela. Intérprete: Gal Costa. São Paulo: Som Livre, 1975.

[9] MOSLEY, M. O poder por trás do aprendizado de uma nova habilidade. **BBC**, 2 jun. 2021. Disponível em: https://www.bbc.com/portuguese/geral-57321578. Acesso em: 27 maio 2025.

fortalece essas ligações à medida em que repetimos o que foi feito. Ao fazer novas atividades, ter novos hábitos e pensar em novas coisas, os neurônios se reorganizam novamente, fortalecendo-se, modificando-se e criando pontes diferentes que podem – ou não – ser nutridas e fortalecidas.

E aqui mora a grande chave da neuroplasticidade: todos podemos mudar. Todos podemos criar novas pontes, aprender algo novo e fazer diferente. Não "nascemos Gabriela" e permaneceremos assim. Conforme a neuroplasticidade, a objeção da mudança não se sustenta. A ciência não permite que isso se sustente. É possível, para qualquer pessoa e a qualquer idade, desenvolver novos comportamentos, transformar o que já existe e aprender algo novo, desde que essa mesma pessoa esteja disposta a praticar e reforçar essas novas conexões cerebrais.

Com esse primeiro ponto, é hora de quebrar uma objeção importante: o que foi feito até agora não muda o fato de que você tem capacidade de fazer diferente, implementar mudanças e criar novas conexões neurais que vão trazer novos resultados. Isso vale para vendas, mas vale também para a vida. E a partir de agora vamos explorar como isso acontece na prática.

A INFLUÊNCIA DO SUBCONSCIENTE

"Para seu mundo mudar, você tem de mudar sua mente, de dentro para fora." Essa foi uma das primeiras frases que chamou minha atenção no livro *O poder do subconsciente*, de Joseph Murphy (1898-1981), escritor, professor, conferencista e um grande conhecedor das leis mentais e espirituais.

Na obra, Murphy explica que a mente é dividida em duas partes, consciente (nosso racional e lógico), e subconsciente (emocional, intuitivo e responsável por nossos hábitos). Esse subconsciente, por sua vez, é descrito como tudo aquilo que está na mente, mas não em um nível de consciência. Como assim? Imagine o consciente como a ponta de um iceberg para fora do oceano, e imagine o subconsciente como a parte "escondida" do iceberg, que está ali, sustentando o restante, faz diferença no peso, na massa e na posição da grande placa de gelo, mas não necessariamente está visível para todos.

Apesar de gostar muito da abordagem de Murphy na definição de como funciona o subconsciente, diversos outros pensadores, como Sigmund Freud[10] e Daniel Goleman,[11] também subdividiram o cérebro em partes. Freud trazia essa subdivisão como consciente, pré-consciente e inconsciente; já Daniel Goleman chamava-os de cérebro racional e emocional. Independentemente da nomenclatura, essa parte da massa cinzenta, o subconsciente, é como uma câmara escura que diz no que acreditaremos e o que se transformará em realidade.

> *A mente subconsciente é sua grande câmara escura. É o lugar secreto onde sua vida exterior se desenvolve. Portanto, não é seu nome, seu modo de vestir, seus pais, seu bairro ou o automóvel que você dirige que o torna o que e quem você é. Você é suas crenças tomando forma, imagem por imagem, luz e sombra, em sua câmara escura subterrânea. Em um sentido moral, seu subconsciente é totalmente neutro, disposto a ver qualquer hábito como adequado, independentemente se você ou o mundo o considera bom ou mau.*[12]

Essa câmara está aberta, e podemos colocar ali tudo o que acharmos necessário. Entretanto, se a enchermos de coisas negativas, ela não conseguirá diferenciá-las do que é bom e passará a refletir aquilo como verdade universal. Conforme Murphy (2019, p.19), "assim como uma maçã se torna parte de sua corrente sanguínea, esses pensamentos residem em sua mente a afetam sua vida. Do mesmo modo como você aprendeu a

---

[10] O MODELO estrutural de Freud e o cérebro: uma proposta de integração entre a psicanálise e a neurofisiologia. **Arch. Clin. Psychiatry** (São Paulo), v. 37, n. 6, 2010. Disponível em: https://doi.org/10.1590/S0101-60832010000600005/. Acesso em: 30 jul. 2025.

[11] GOLEMAN, D. **O cérebro e a inteligência emocional.** São Paulo: Objetiva, 2012.

[12] MURPHY, J. **O poder do subconsciente**. São Paulo: BestSeller, 2019.

andar, nadar, dançar ou tocar piano, quando repete várias vezes um pensamento, depois de algum tempo ele se torna sua segunda natureza".

Ou seja, o subconsciente, a partir do que vivemos, aprendemos, ouvimos e passamos os anos repetindo para nós mesmos, cria essa camada que define os passos dados. Se fornecer ao subconsciente coisas positivas, ele passará a refletir o que é positivo. Se fornecer o que é negativo, o contrário acontecerá.

Estima-se que um adulto tome, em média, 35 mil decisões por dia.[13] Ao acordar e caminhar até o banheiro, você vai decidir se vai escovar os dentes com a mão esquerda ou direita. Depois, qual roupa vestir, se precisa ou não sair com guarda-chuva e qual caminho pegará para o trabalho. Decidirá também o que vai falar, como se comportar, o que vai fazer, entre muitas outras coisas.

Então, concorda comigo que essas 35 mil decisões tomadas diariamente funcionam como se fossem um código para o universo de como será nossa vida daqui para a frente? Se tomar 35 mil decisões positivas, a vida tenderá a ser positiva. Se tomar 35 mil decisões ruins, a vida tenderá a ser ruim. Assim, o sucesso é referente ao quão intencional consigo ser nas decisões que tomo ao longo do dia, porque são como mensagens enviadas diretamente ao consciente e subconsciente, ditando quais resultados eu terei a partir do que é feito. Quanto mais positivo for, mais perto estarei do sucesso. E o contrário também é válido.

No entanto, além desse fato inicial – que parece ser um tanto quanto óbvio –, outro ponto importante é que, dessas 35 mil decisões tomadas, mais de 95% são controladas pelo subconsciente,[14] por aquilo que não está em um nível imediato de consciência. Você fica pensando o tempo

---

[13] SOLLISCH, J. The Cure for Decision Fatigue. **Wall Street Journal**, 10 jun. 2016. Disponível em: https://www.wsj.com/articles/the-cure-for-decision-fatigue-1465596928. Acesso em: 27 maio 2025.

[14] 95% das nossas decisões de compra são inconscientes, alerta especialista. **Amcham Brasil**, 1 ago. 2023. Disponível em: https://www.amcham.com.br/blog/95-das-nossas-decisoes-de-compra-sao-inconscientes. Acesso em: 27 maio 2025.

todo que precisa respirar? Provavelmente, não. Não precisa decidir fazer o cabelo crescer, a pele se regenerar, a comida ser digerida e assim por diante. Tudo isso é decidido por nosso código interno, que também faz parte do subconsciente. Isso nos mostra, portanto, que 95% das conexões que acontecem no cérebro são pontos que não estão relacionados ao que controlamos.

E se não foi programado por nós, decidido por nós, quem foi o responsável por isso? Hoje, já sabemos que boa parte do que está no subconsciente foi programado entre o momento em que nascemos e os 21 anos. Assim, se você, como vendedor, ainda estiver em dúvida sobre por qual motivo precisa se conhecer, a resposta é simples: para vender mais e ter mais resultados na vida, é preciso se resolver com tudo o que aconteceu entre o seu nascimento e os seus 21 anos de idade, porque isso está influenciando as decisões que você toma e os resultados que tem. E que não estou falando apenas sobre traumas profissionais de empregos antigos, mas sobre tudo o que aconteceu em sua vida e que você carrega consigo. Traumas, abandonos, feridas emocionais, palavras depreciativas que ouviu e tudo aquilo que vivenciou nesse período.

No meu caso, por exemplo, precisei me resolver com o abandono do meu pai quando eu era criança para conseguir avançar em vendas. Precisei dar mérito a um homem que me deixou e ressignificar o que tinha acontecido para que minha vida como vendedor começasse a fluir. Não foi fácil. Mas garanto que mudou completamente minha vida como um todo, em vendas e em todas as outras áreas.

Se você quer começar a ter mais resultados, precisa mergulhar em si. Pensar em seus traumas, no que está carregando nas duas esferas do cérebro, consciente e subconsciente, e como poderá se resolver com o passado, que costumo chamar de RSP. Seja com o pai, com a mãe, com os tios, com alguém que fez mal para você ou para a sua família. Seja por ter sido abandonado, adotado, sofrido algum trauma doloroso, abuso... Enquanto não se resolver com o que aconteceu, não vai prosperar, porque esses traumas estarão “incrustados” no inconsciente e continuarão ditando as decisões tomadas.

Para explicar como esse movimento acontece na prática, vamos imaginar uma situação fictícia. No subconsciente ficam armazenadas as memórias geradas ao longo da vida. É como se fosse uma cozinha em que estão guardadas todas as receitas dos pratos que serão servidos em um restaurante. Sempre que um prato é preparado, a receita fica guardada em uma prateleira na cozinha. O consciente, por sua vez, é o garçom que vai servir esses pratos. Então, o cliente chega e pede o que quer, e o garçom volta para a cozinha para acessar na prateleira a receita do prato solicitado.

Imagine, então, que uma pessoa que pretende emagrecer vai ao nutricionista e decide começar a praticar atividade física. Contudo, desiste logo no início. Inconscientemente, ela se lembrou de quando tinha 15 anos, estava com sobrepeso e a mãe ou o pai disse que ela jamais ficaria magra porque não conseguia comer direito e fazer dieta. Apesar de aquela situação não estar acontecendo no presente, ao procurar o nutricionista e começar a atividade física, seu consciente (garçom) foi até a cozinha e acessou uma receita (inconsciente) que já estava ali guardada. Foi como um gatilho de algo que aconteceu no passado e ainda dita as atitudes do presente.

Por ter vivido tudo aquilo, por ter ouvido e passado por aquele trauma com a própria família, criou uma verdade sobre si mesma: jamais conseguiria fazer dieta, praticar atividade física e emagrecer. Essa verdade se transformou em um hábito, que impediu que conseguisse mudar. Estava ali, pronto para ser retirado e usado no momento adequado.

Isso explica, inclusive, por que muitas vezes fazemos exatamente as mesmas coisas, da mesma forma, sem saber o porquê, como amarrar os sapatos, escovar os dentes, entre outros. Estamos com esses hábitos anotados nas prateleiras do subconsciente, prontos para serem puxados em formato de memória pelo consciente. Fez sentido?

Mas só por estar ali guardado não significa que não poderá ser alterado. Lembra-se da neuroplasticidade? É aqui que ela entra. Com novas conexões, a mudança é palpável e realizável. Não há ser humano, independentemente de idade, gênero ou qualquer outro tipo de segmentação, que não tenha a capacidade de fazer conexões diferentes em suas sinapses neurais. E o primeiro passo é fazer as pazes com o passado, resolver-se com ele, para mudar essa programação inicial e não seguir tomando as decisões inconscientes que não o levam aos resultados que gostaria de ter.

Então, reflita: sua pré-programação dos 0 aos 21 anos foi positiva ou negativa? Suas crenças fortalecem ou limitam você? Os hábitos que adquiriu o ajudam a crescer ou o sabotam? O ambiente em que cresceu incentivou a evolução ou criou barreiras? Se for preciso, para entender melhor sua história, pergunte a familiares, assim como eu fiz, quando conversei com minha mãe, anote e busque maneiras de ressignificar o que aconteceu.

AMBIENTE: A CHAVE PARA A MUDANÇA

Se quer mergulhar fundo em si depois de analisar o que propus, o próximo passo para transformar sua programação inconsciente é pensar sobre o ambiente em que está inserido. Costumo falar que essa etapa é como um "bônus round" do mergulhar, uma etapa extra, porém com o poder de mudar absolutamente tudo. Conhece a máxima "Diga-me com quem andas e te direi quem és"? Apesar de ser um tanto quanto radical, há um fundo de verdade.

O ambiente em que estamos inseridos, as pessoas com quem nos relacionamos e os lugares que frequentamos influenciam diretamente o modo como pensamos e agimos.[15] Tolo é quem não percebe isso. Ande com cinco pessoas que fazem triatlo e muito possivelmente você será a sexta. Faça parte do círculo social de cinco pessoas que se alimentam mal e você provavelmente mudará os próprios hábitos. Se fizer parte de um grupo com hábitos e pensamentos que refletem sucesso e evolução, você também será influenciado por isso. Já se fizer parte de um grupo

---

[15] BRONFENBRENNER, U. **The Ecology of Human Development**: Experiments by Nature and Design. Cambridge, MA: Harvard University Press, 1979.

de pessoas que apenas depreciam outras e não buscam resultados, provavelmente entrará nesse mesmo limbo.

Isso acontece porque temos em nosso "código" uma vontade imensa de pertencer, de nos sentir parte de uma comunidade, e acabamos, invariavelmente, sendo influenciados pelo entorno. Isso vale para o que é negativo e para o que é positivo: estar ao lado de pessoas que buscam conhecimento o motiva a querer pertencer e buscar isso para sua vida; e estar ao lado de pessoas que erram fará você se sentir confortável – e compelido – a errar também. Porém, não é porque várias pessoas fazem coisas erradas juntas que aquilo deixará de ser errado.

Precisamos cuidar do ambiente. Ele nos persuade, nos molda, nos faz pensar e agir de determinadas maneiras. O ambiente tem um poder incrível sobre nós e, quando o mudamos, os valores e padrões que antes pareciam inegociáveis começam a perder força. Novas referências moldam o modo como pensamos e agimos, porque contextos diferentes nos dão acesso a novos lugares e pessoas, com valores e princípios diferentes. Abrimos espaço para o novo, e o novo nos molda.

Isso foi exatamente o que aconteceu comigo. Quando percebi o impacto que o ambiente tinha em minha jornada, iniciei um processo de autoconhecimento, de mergulhar, muito profundo. Passei a me sentar em outras mesas e a estar ao lado de quem me impulsionava a crescer, então, o modo como eu enxergava a vida, os valores que eu tinha e os resultados que obtinha também mudaram.

Não significa, entretanto, que você precise excluir todas as pessoas da sua vida ou se afastar delas. Por outro lado, deve ser mais intencional e avaliar o que tem feito, e como isso pode estar afetando seu resultado como vendedor. Não que o ambiente seja um problema; não se trata disso. A questão é que, dentro dele, dificilmente você será extraordinário. Você tende a se tornar a média do meio em que vive. E isso não necessariamente é algo ruim, até porque pode ter uma família boa e viver em um lugar estável, e ainda assim estar limitado pelo que esse contexto considera ser o máximo de sucesso. O que define seu limite não é quem você é, mas o mundo ao qual se expõe.

Meu convite é para que você renove as conexões. Esteja em contato com novas pessoas, circule em novos ambientes, explore lugares diferentes e busque novos conhecimentos. Se necessário, mude aos poucos seu círculo social e amplie suas referências. Troque, renove e evolua. Uma mudança importante começa quando você se permite viver novas experiências. A fórmula é simples: novos lugares + novas pessoas = novos comportamentos. Então, mude!

AUTOCONHECIMENTO

Se você vende para pessoas, a pessoa mais importante que você precisa conhecer é a si. Como na frase atribuída a Sócrates: "Conhece a ti mesmo". Esse ensinamento clássico tem um peso profundo no contexto das vendas. Aprendi ao longo da minha jornada, e que deve ser a grande lição deste capítulo, que o verdadeiro motivo para buscar ganhar mais dinheiro, prosperidade e comissões mais altas está no quanto você realmente se conhece. Não adianta querer prosperar ou atingir resultados se você não sabe quem é nem como funciona seu comportamento. O autoconhecimento entra aqui. É a chave que desbloqueia não apenas seu potencial como vendedor, mas também seu crescimento pessoal.

Quanto mais você se conhece, mais fácil fica tomar as decisões certas, agir com clareza e alcançar os objetivos que estabeleceu para sua vida. E não estou falando apenas de conhecer as próprias qualidades ou defeitos, e sim entender como as emoções, as crenças e os padrões de comportamento influenciam as ações, o modo como agimos e o que fazemos. Autoconhecimento nos proporciona saber como reagir sob pressão, controlar as emoções durante uma negociação e, principalmente, conectar-se com as pessoas de modo mais genuíno. Quem consegue se entender e se controlar tem um nível de liberdade muito maior para viver a vida com propósito e conquistar o que deseja.

O Universo, em sua infinita sabedoria, fez cada um de nós vir a este mundo para viver 24 horas em um laboratório. Podemos aprender constantemente sobre nós mesmos. O autoconhecimento é uma jornada contínua, e a cada passo, a cada reflexão, conseguimos nos tornar versões melhores de nós mesmos. Só que, para alcançar esse nível de profundidade e entendimento, é preciso estar disposto a olhar para dentro, confrontar crenças limitantes e quebrar padrões que não servem mais. Acredite, o maior obstáculo que você enfrentará na vida não está no mercado, na crise econômica ou nos concorrentes. O maior obstáculo estará sempre em como você se vê e como age nas diferentes situações que a vida apresenta.

Quem vende mais, quem realmente prospera, é quem entende de comportamento – não apenas o comportamento do outro, mas o próprio. E, para entender o comportamento do cliente, você precisa primeiro entender o seu. Ao conhecer suas reações emocionais, suas motivações e o que o move, consegue se conectar com o cliente de maneira mais autêntica e eficaz. Isso vai além de técnicas de vendas; trata-se de uma conexão verdadeira. Você não vai estar apenas oferecendo um produto ou serviço, e sim compartilhando uma experiência, uma visão e um entendimento profundo de como a vida e as emoções humanas funcionam.

Quando conhece a si começa a perceber padrões no comportamento das pessoas à sua volta, inclusive dos clientes. E, a partir disso, sua abordagem de vendas deixa de ser um procedimento mecânico e passa a ser um processo natural e eficiente. O segredo está em saber aplicar o que aprendeu de si na relação com o outro. Quando você é genuíno em sua abordagem e age com empatia, as vendas fluem de maneira mais natural. Isso só é possível quando você, como vendedor, consegue dominar as próprias emoções e comportamentos.

Então, se quer vender mais, o primeiro passo é olhar para dentro. Se deseja aumentar as comissões, melhorar o desempenho e alcançar o sucesso verdadeiro, comece pelo autoconhecimento. É a partir de você que tudo o mais começa.

O conhecimento de si será sempre o alicerce de uma jornada bem-sucedida, em vendas ou em qualquer outra área da vida.

CAPÍTULO 5
ATIVAR

Se você pudesse listar dez motivos pelos quais não triplica suas vendas, quais seriam? Pare alguns minutos e reflita. Se possível, pegue papel e caneta e anote tudo o que lhe vier à mente. Ao finalizar, analise rapidamente essa lista: dos itens anotados, em quantos você responsabilizou terceiros por não ter triplicado seus resultados? E quantos são sua responsabilidade? Quantos falam sobre o lugar em que você trabalha, processos que estão ruins e pessoas que não fazem o que deveriam fazer? E quantos falam do que *você* poderia fazer para melhorar o faturamento deste mês?

Sinto informar e jogar a verdade de modo tão brusco, mas é necessário: se essa lista citar ao menos um motivo externo a você, é preciso revê-la. Depois de ter mergulhado no conteúdo do capítulo anterior, com o autoconhecimento, o próximo passo é ativar comportamentos com base na responsabilidade pessoal. É necessário assumir o protagonismo de suas ações, decisões e resultados.

E deixo uma premissa importante que permeará todo o processo: o sucesso depende diretamente das escolhas que você faz e das atitudes diárias que toma.

O QUE SE PODE CONTROLAR *VS.* RESPONSABILIDADE EXTREMA

Há situações que podemos controlar, e as que não podemos. Se eu decidir que no próximo sábado vou levar minha família à praia para praticar kitesurf, estarei tomando uma decisão que posso controlar. Vou acordar mais cedo no dia, preparar os itens que preciso levar, tomar um café da manhã reforçado, chamar minha esposa, pegar os cachorros, e então passaremos protetor solar, separaremos as roupas de proteção UV e seguiremos até a praia para fazer o que estava programado.

Mas se, ao chegar lá, eu encontrar um aviso de que não vai haver kitesurf naquele dia por falta de vento? Ou porque uma tempestade se aproxima, está chovendo ou a praia está interditada? Se algo assim acontecer, estarei me deparando com algo que *não* posso controlar. A condição meteorológica é algo que não tenho como prever, e não interessa quão preparado eu esteja para aquilo, quanto tempo tenha gastado na preparação. Há coisas que estão no meu controle, e coisas que não estão.

Um dos princípios do estoicismo, corrente filosófica da Antiguidade cujo objetivo era praticar a virtude para atingir a *eudaimonia* – uma vida bem vivida –, é que devemos apenas nos concentrar no que podemos controlar: "Das coisas existentes, algumas são encargos nossos; outras não. São encargos nossos o juízo, o desejo, a repulsa, em suma, tudo quanto seja ação nossa. Não são encargos nossos o corpo, as posses, a reputação, os cargos públicos, ou seja, tudo quanto não seja ação nossa".[16]

Com o vendedor, a lógica é a mesma: muitos vendedores passam a carreira inteira achando que quem controla a venda no fim do mês é o profissional de vendas, mas não é. O vendedor controla o processo para chegar até a venda, mas a decisão tomada, o clique que confirma a compra ou o "sim" que efetiva a venda é do cliente, e não do vendedor.

Essa lógica está começando a ficar clara até aqui?

Jocko Willink e Leif Babin, dois oficiais SEAL da Marinha dos Estados Unidos, lideraram uma unidade de operações especiais na Guerra do

---

[16] PRINCÍPIO Estoico #3: Concentre-se no que pode controlar, aceite o que não pode. **Estoico**, 14 mar. 2018. Disponível em: https://www.estoico.com.br/452/principio-estoico-3-concentre-se-no-que-pode-controlar-aceite-o-que-nao-pode-epicteto/. Acesso em: 27 maio 2025.

Iraque e contam em seu livro, *Responsabilidade extrema*, algumas histórias de momentos em que estavam na guerra e tiveram que tomar decisões dificílimas, algumas das quais precisaram assumir total responsabilidade por tudo o que acontecia, independentemente da circunstância ou das consequências, em um cenário tomado pelo terror.[17] Foi a partir desses momentos que passaram a compreender alguns dos princípios fundamentais que fazem as pessoas terem mais sucesso no que fazem.

> *Esta é a regra de ouro para o sucesso na vida e no trabalho: assuma a responsabilidade pelos erros e não culpe os outros ou as circunstâncias. Seja nas relações pessoais ou no trabalho, com colegas ou subordinados, o verdadeiro líder é aquele que sempre se pergunta: o que eu poderia fazer, onde errei, o que posso fazer para melhorar. Essa é a única maneira de construir uma boa equipe e alcançar o sucesso.*[18]

Willink e Babin contam que bons profissionais não atribuem culpa ou apresentam justificativas, simplesmente fazem o que precisa ser feito. Em vez de reclamar das dificuldades ou do que fracassou, buscam soluções e maneiras de resolver os problemas. Assumir a responsabilidade, portanto, é deixar o ego de lado e trabalhar para atingir o objetivo, pois assim serão “melhores líderes, melhores seguidores, membros de equipe mais confiáveis e proativos e mais hábeis em liderar com vigor para cumprir a missão. Mas eles também são humildes, capazes de evitar que seu ego prejudique relacionamentos e impactem negativamente a missão e a equipe”.[19]

---

[17] WILLINK, J.; BABIN, L. **Responsabilidade extrema**: como os navy seals lideram e vencem. São Paulo: Alta Books, 2021.

[18] Ibidem.

[19] Ibidem.

Você, vendedor, é um líder dos próprios resultados e precisa assumir a responsabilidade por tudo o que pode estar afetando as vendas no fim do mês. Lembra-se da lista com dez itens que você fez no início do capítulo? É o momento de retomá-la: o que dali é responsabilidade sua? O que está ali como justificativa e você precisa assumir a responsabilidade? O que está ali e é incontrolável? "Os melhores líderes não assumem apenas a responsabilidade por seus empregos. Eles assumem a responsabilidade por qualquer coisa que afete seu objetivo."[20]

Ao fazer isso, você para de atribuir o que conseguiu atingir à sorte, às circunstâncias da vida, à má sorte ou a qualquer outra justificativa: "A responsabilidade total pelo fracasso é algo difícil de aceitar, e assumir a culpa quando as coisas dão errado requer humildade e coragem extraordinárias. Mas fazer isso é absolutamente necessário para aprender, crescer como líder e melhorar o desempenho de uma equipe".[21] Vou além: fazer isso é indispensável para melhorar o desempenho e os resultados como vendedor.

Sei que não é fácil, e também sei o quanto é difícil mudar essa postura, sair do lugar de vítima e assumir a responsabilidade pelo que está sendo construído porque vivi isso. Quando era mais jovem, trabalhei por muitos anos na oficina de um tio, e atribuía minha falta de crescimento a causas externas – falta de oportunidades, não ser o dono da empresa para melhorar o que oferecíamos etc., etc. Mas eu estava apenas terceirizando a culpa e, ao responsabilizar terceiros pela minha falta de resultados, automaticamente decidia que não precisava mudar. Se a culpa de estar onde eu estava não era minha, não precisaria fazer diferente. Entrava em um movimento de passividade, de morosidade.

Em contrapartida, ao assumir uma postura de extrema responsabilidade, passei a ser o protagonista dos meus resultados. Não era mais telespectador do que estava acontecendo comigo, era diretor e ator ao mesmo tempo. Eu dava as cartas, ditava o rumo dos resultados do que

---

[20] Ibidem.

[21] Ibidem.

estavam sob o meu controle. Essa clareza, inclusive, fez eu me sentir muito mais em paz com o que estava fazendo, porque aquilo que poderia ser controlado por mim estava caminhando nos eixos. O que era incontrolável não me preocupava mais. E em tudo o que estava sob meu controle, eu atuava para melhorar, aprimorar, fazer diferente e entregar algo impecável.

Então, para um vendedor, é preciso analisar também o que é possível controlar dentro do processo comercial: acordar cedo, ter autodisciplina, conhecer-se, cuidar do processo de venda, do cliente, prestar um bom atendimento, ouvir quem está do outro lado e muitos outros elementos que ainda discutiremos ao longo das próximas páginas. E analisar também o que não se pode controlar: a decisão que o cliente vai tomar a partir do que você fizer. A primeira parte, entretanto, é de responsabilidade sua. O sucesso ou o fracasso da venda dependerá dessa primeira parte, queira você ou não.

Mesmo delegando tarefas, a responsabilidade ainda é sua, e a lógica para isso é simples. Imagine que você delegou um projeto importante a uma pessoa da sua equipe, e pouco antes do prazo final, ela adoece. O fato de ela estar indisponível não significa que o projeto pode deixar de ser entregue. A responsabilidade continua sendo sua, então você precisará encontrar rapidamente outra solução ou até mesmo assumir a tarefa pessoalmente para garantir o resultado.

Outro exemplo prático: você tem um evento fundamental para sua empresa e delega a organização para um colaborador de confiança. Porém, no último momento, ocorre um imprevisto sério na vida pessoal desse colaborador, impossibilitando-o de concluir a organização. Você não pode simplesmente cancelar o evento porque delegou a tarefa; é preciso agir, realocar recursos, mobilizar outros membros da equipe ou entrar diretamente na organização para garantir que o evento aconteça.

Há alguns anos, quando fechava a meta com o time de vendas, avisava a todos que aquele objetivo era nosso e o alcançaríamos, independentemente do que acontecesse, mas, se fosse preciso, eu mesmo faria as reuniões e as ligações necessárias para fechar as vendas. Eu delegava, mas a responsabilidade ainda era minha. A meta não era só do meu time, era minha. Estávamos naquela missão juntos.

Assim, para ativar a responsabilidade, divida os elementos que você pode ou não controlar em sua jornada como vendedor. Tenha clareza do que está fora de seu controle e fique em paz com isso. Por outro lado, assuma total responsabilidade pelo que está dentro de seu controle, sem cair na armadilha de dar justificativas que envolvem terceiros ou se fazer de vítima.

Para isso, verifique sua lista. Elimine tudo o que responsabiliza outras pessoas, processos ou ambientes. Assuma a responsabilidade pela falta de resultados, mesmo para tarefas que foram delegadas, e transforme esses itens em força para, a partir de agora, assumir as rédeas da sua vida, com todas as dificuldades, sem justificativas para o que não sair conforme o planejado.

CONTROLE AS EMOÇÕES

É impossível falar sobre responsabilidade sem considerar o impacto que as emoções têm no modo como reagimos às situações, e tenho um exemplo vívido de como esse tema é importante.

Certa vez, recebi uma mensagem de uma das líderes que trabalha comigo sobre um consultor do interior que reclamava do meu trabalho. Na mensagem, ele citava várias situações e questões que não eram verdadeiras. Não vou mentir, fiquei abalado. Senti raiva, tristeza e frustração. Tive a oportunidade de falar com ele sobre o que havia acontecido, mas precisei de tempo para internalizar o que aconteceu, e aquilo abalou meu dia.

Esse é o lado lógico e básico do motivo pelo qual a gestão das emoções é tão importante. Elas afetam nosso comportamento, a tomada de decisões e o modo como nos sentimos. Tomar decisões com fome, por exemplo, pode acarretar várias implicações negativas, pois afeta nossa capacidade de julgamento, levando a escolhas menos racionais. Se está com medo, o mesmo acontece, e assim por diante. Ou seja, todos tomamos decisões emocionais, e quanto mais estivermos “envoltos” nessas emoções, mais elas serão inconscientes. Se tivesse me deixado levar pela raiva que senti ao ler a mensagem, por exemplo, teria despertado meu lado primitivo e provavelmente teria tomado uma decisão que não estava alinhada com meu objetivo dentro daquele contexto.

Em momentos de muita raiva, muita alegria, muito medo ou muita frustração, é comum tomar decisões que não refletem o que somos e o que queremos, e lidamos da pior maneira com a situação. Quando somos tomados pelas emoções, deixamos o racional de lado e agimos comandados pelo emocional.

Se você assistiu ao filme *Divertida Mente*, dirigido por Pete Docter e lançado em 2015, provavelmente já tem uma noção do funcionamento das emoções. O filme mostra a teoria básica das cinco emoções primárias: alegria, tristeza, raiva, nojo e medo.[22] Nenhuma delas é apenas boa ou ruim; elas simplesmente funcionam para regular o modo como nos sentimos em situações e contextos diversos. Não conseguimos – nem deveríamos querer – inibir as emoções. Mas é possível aprender a lidar com elas perante as mais variadas situações.

Para que você possa seguir em seu processo de aprofundamento do self, vou explicar basicamente como cada emoção funciona e o que você pode fazer para exercitar esse controle. Porém, seria uma pretensão muito grande achar que você vai aprender a fazer a gestão das emoções a partir da leitura de alguns parágrafos.

Para isso, é preciso aprofundamento, buscar cursos, extensões e conhecimento, para não se deixar levar por “dias” ou situações ruins que podem aparecer no caminho. Além disso, a gestão das emoções é feita a partir da prática. No dia a dia, quando passa a trazer para a consciência o que está acontecendo, sem se deixar levar pelo que foge ao controle, assim como eu fiz com a mensagem que contei anteriormente.

---

[22] DIVERTIDAMENTE. Direção: Pete Docter. EUA: Pixar Animation Studios, 2015. Vídeo (94 min). Disponível em: www.disneyplus.com/pt-br. Acesso em: 29 jul. 2025.

Alegria

A alegria, por si só, é um prazer momentâneo. Para torná-la mais poderosa, é preciso transformá-la em gratidão. Fazer isso significa eternizar a alegria, dando a ela um significado mais profundo. Não é apenas se sentir feliz por poder comer algo, mas se sentir grato por ter alimento.

A gratidão, portanto, prolonga e amplifica a alegria, tornando-a mais duradoura e significativa. Para os vendedores, significa transformar a satisfação imediata de uma venda em um sentimento profundo de gratidão pela confiança depositada pelo cliente, pelo esforço conjunto da equipe e pela possibilidade real de impactar positivamente a vida das pessoas por meio do seu trabalho. Comemorar cada meta batida e cada realização profissional com gratidão fortalece o espírito e impulsiona a busca constante por novos e maiores sucessos.

Raiva

A raiva, em essência, é um acúmulo de força destrutiva. Surge como um alerta do corpo para si, um sinal de que algo não está certo. O problema é que, muitas vezes, canalizamos a energia de maneira errada, como quando "explodimos" e descontamos em quem não merece, dissipando essa força com a destruição. E se, em vez disso, usássemos a raiva como combustível para algo positivo? Se transformássemos essa emoção em gana e determinação?

Quando alguém duvida de você, quando o mundo parece estar contra, a raiva pode ser convertida em uma energia poderosa para provar o valor que você tem, para agir com mais intensidade, foco e tomar impulso para grandes conquistas. Em vendas, é exatamente assim que você precisa gerir a raiva: transformando-a em gana e determinação para vencer.

Tristeza

A tristeza nunca vem sem motivo e é um alerta do corpo para olhar para dentro e refletir sobre o que nos trouxe até ali. Então, em vez de apenas sentir o peso da tristeza, utilize essa emoção como um convite à introspecção e responda a uma pergunta fundamental: o que pode ou precisa aprender com isso?

A tristeza é um sinal de que algo precisa ser entendido, resolvido ou ajustado. Se você simplesmente a ignorar, vai perder a oportunidade de crescer. Transformando-a em reflexão, encontrará respostas que vão ajudá-lo a seguir em frente mais forte e mais consciente.

Medo

Medo significa simplesmente precaução. Não surge do nada, é uma resposta natural do corpo para enfrentarmos as situações, e ativa um mecanismo primitivo de sobrevivência: luta ou fuga. Diante de uma ameaça, ou reagimos com força para enfrentá-la ou tentamos escapar.

E o segredo não é eliminar o medo, mas usá-lo a seu favor. Se está dizendo que falta preparo, a melhor resposta é se preparar mais. Se sinaliza perigo, é preciso agir com inteligência. Medo não é sinal de fraqueza, e sim um aviso. Quem aprende a escutá-lo sem ser dominado por ele, torna-se mais forte.

Nojo

O nojo, por fim, é um instinto de repulsa, e não aparece apenas diante de algo ruim para o corpo, como um alimento estragado, mas em contato com ideias, situações ou comportamentos que rejeitamos, como algo que esteja ferindo nossos valores pessoais, como atitudes desonestas, mentiras etc.

Ter isso muito claro ajuda a identificar o que é um valor inegociável para você, o que é aceitável e o que não é. Então, use-o também como um convite à reflexão, para olhar para dentro e entender o que está sentindo.

O PODER DA GESTÃO DAS EMOÇÕES NAS VENDAS

Agora que você sabe em linhas gerais sobre cada uma das emoções, é hora de falarmos sobre a palavra propriamente dita: emoção. Muitas pessoas associam a palavra emoção a algo efêmero, quase incontrolável. São inúmeras as histórias de pessoas que perderam totalmente o controle em situações difíceis e "explodiram", assim como é comum se referir. As emoções, no entanto, são a força motriz por trás de nossas decisões, atitudes e ações. São reações automáticas e fisiológicas aos estímulos internos e externos que recebemos, assim como a parte biológica de nosso corpo – com hormônios, por exemplo – e a resposta natural aos estímulos do ambiente – com tudo o que nos acontece. Assim, podemos dizer que são provocadas por crenças, experiências e expectativas, entretanto, no mundo das vendas, podem ser aliadas ou inimigas, a depender do comportamento do vendedor.

No momento em que você se permite ser guiado pelas emoções, as chances de tomar decisões impulsivas, descontroladas ou reativas aumentam drasticamente. No processo de vendas, isso pode ser fatal, pois ali, frente a frente com o comprador ou lidando com os mais variados contextos, a racionalidade e a clareza são imprescindíveis. O que define um grande vendedor não é apenas o conhecimento técnico ou a habilidade de convencer, mas a habilidade de se manter emocionalmente estável e consciente das próprias emoções.

Perceba, portanto, que se estamos falando do comportamento self, ou seja, sobre o autoconhecimento e o fato de que o vendedor precisa conhecer a si antes de mais nada, aqui, com as emoções e as reações no processo de vendas, estamos nos referindo ao movimento contínuo – e necessário – de identificar e compreender o que sentimos, como reagimos e, mais importante, como podemos transformar essas emoções em ações que conduzam a objetivos.

As emoções são poderosas porque mudam tudo. Mudam os resultados que um vendedor terá no fim do mês, e têm o poder de moldar a percepção que temos da realidade. Atuam como filtros que distorcem ou clareiam nossa visão de uma situação. Uma simples emoção pode levar um vendedor a perder uma venda ou, ao contrário, a conquistar o cliente. Talvez você já tenha identificado um momento em que isso aconteceu com você. A raiva, por exemplo, pode fechar a mente para novas oportunidades, impedindo-nos de ouvir o cliente ou perceber uma abordagem mais eficaz. Já a alegria pode gerar uma conexão verdadeira e sincera, criando uma relação de confiança com o cliente.

Esse impacto, ainda, vai além do campo da percepção. Quando o cérebro se ativa em resposta a uma emoção, começa a liberar substâncias químicas que afetam diretamente o corpo e a mente. Isso significa que, dependendo da emoção, você pode estar em um estado de alta performance ou de total desconexão e ineficiência. A boa notícia: com o autoconhecimento e a prática, é possível aprender a direcionar suas emoções para um estado mais produtivo e alinhado com os objetivos. O que nos leva ao próximo tópico: como gerir as emoções.

GESTÃO DAS EMOÇÕES

Imagine o seguinte cenário: você tem uma negociação importante a fazer. A pressão é grande, o cliente parece inseguro ou em dúvida, e sua vontade é acelerar o processo e "fechar logo a venda". Mas, se você se deixar levar pela ansiedade ou pela urgência, pode acabar tomando uma decisão precipitada, e deixar de ouvir o cliente ou até mesmo oferecer algo que não seja o melhor para ele.

Esse é um ponto que requer gestão emocional. Gerir as emoções não é reprimir ou ignorar os sentimentos, é compreendê-los e utilizá-los a seu favor. Ao conhecer as próprias emoções e entender o que significam, é possível mudar a abordagem, focar o que realmente importa e tomar decisões mais assertivas. No caso da negociação, o vendedor precisaria gerir as emoções de modo que ficasse tranquilo ao não se deixar levar pela ansiedade de tentar forçar o fechamento. Em outra situação hipotética, por exemplo, em que exista raiva na jogada, ela poderia ser convertida em motivação para provar seu valor. Já a tristeza poderia se transformar em uma reflexão construtiva sobre como melhorar, e o medo poderia ser uma ferramenta poderosa para se preparar melhor para a próxima oportunidade.

Para ser capaz de aplicar a gestão das emoções, é fundamental começar por um processo de *autoconsciência emocional*, que implica reconhecer os sinais que o corpo envia quando uma emoção está prestes a dominar a mente. Esses sinais podem ser aquela sensação de raiva no peito, o coração acelerado, a respiração mais ofegante etc. Todos esses fatores costumam ser pontos claros de que algo está afetando o equilíbrio emocional. Então, quando os sentir, vai tentar evitá-los? Agora, já sabe que não. O segredo é tomar as rédeas da situação antes que eles controlem você.

Assim, pense no sentimento de raiva. Quando sentir que está prestes a ser tomado pela raiva, dê um passo para trás, respire profundamente e reflita sobre o que está acontecendo. Você pode tentar olhar para dentro, questionar a si sobre o que o deixou tão irritado, o que isso significa para você e como pode transformar o que está sentindo em algo construtivo. É um ato simples, porém não posso dizer que seja fácil. Mas garanto que essas reflexões podem mudar o curso de suas interações e decisões, seja na vida profissional, como vendedor, ou em outros contextos da vida pessoal. O resultado da gestão das emoções é agir com mais equilíbrio e clareza.

Avançando um pouco mais, além de avaliar o modo como as emoções afetam você, é preciso avaliar como elas afetam o cliente, pois, durante uma venda, o cliente não está apenas buscando um produto ou serviço. Ele busca uma experiência emocional. Quer sentir que a decisão de compra é a certa para ele. E esse sentimento é moldado pelas emoções que vivencia durante o processo de compra.

Se você consegue entender as emoções do cliente e como elas influenciam suas decisões, terá uma vantagem enorme. O cliente pode estar hesitante por medo de tomar a decisão errada ou em busca de algo que o faça se sentir mais seguro ou feliz. Ao entender isso, você pode adaptar a abordagem emocional, guiando o cliente de modo mais eficaz para uma decisão de compra.

EMOÇÃO E CONFIANÇA: O SEGREDO PARA O FECHAMENTO DA VENDA

Por último, há uma emoção poderosa que tem o poder de mudar completamente o processo de vendas. Você imagina qual seja? É a *confiança*. Quando um vendedor consegue se manter emocionalmente estável e comunicar essa estabilidade para o cliente, cria-se uma atmosfera de confiança genuína. O cliente se sente seguro ao tomar uma decisão, pois acredita que o vendedor tem controle sobre a situação e, mais importante, que a oferta feita é a melhor para ele. Vendedores que passam confiança são mais propensos a ter resultados nos fechamentos.

E como desenvolver confiança? Focando o autoconhecimento, lapidando o processo de vendas, sabendo que o que você entrega é a melhor solução para o cliente e muito mais. Ouso dizer que tudo o que veremos nos próximos capítulos tem a ver com o desenvolvimento de confiança, porque vai torná-lo vendedor muito mais preparado para todas as situações e para o fechamento da negociação.

A gestão das emoções, portanto, não é apenas uma habilidade pessoal. É uma estratégia de vendas fundamental. Ao aprender a lidar com as próprias emoções, você se torna um vendedor mais eficiente, mais empático e, acima de tudo, mais preparado para guiar os clientes nas próprias jornadas emocionais rumo à decisão de compra.

O vendedor que domina as próprias emoções e conduz os clientes em relação ao que sentem deixa de ser apenas um vendedor e passa a ser um *líder emocional* no processo de vendas, capaz de entender, conectar e influenciar o comportamento de modo verdadeiro e eficaz.

Em suma, dentro do comportamento self, ativar é cuidar da responsabilidade que temos de nossos resultados sem terceirizar ou justificar, e gerenciar as emoções para podermos estar mais bem-preparados para os imprevistos e para o que pode acontecer enquanto perseguimos nossos objetivos. É parar de agir pelo outro e agir por si, olhar para o que pode controlar e aprimorar isso ao nível máximo.

Se pretende triplicar os resultados, olhe para sua lista de dez itens e pense nisso.

CAPÍTULO 6
CONTINUAR

Não é possível ser um ótimo vendedor sem ser um ótimo ser humano. Essa ideia, que fui abordando aos poucos ao longo dos últimos capítulos, nos traz até aqui, na letra C do acrônimo MAC, que contempla a parte 1 da metodologia, o self. Começamos com o aprofundamento pessoal (*mergulhar*), avançamos para a responsabilidade e gestão das emoções (*ativar*) e terminamos na construção de novos hábitos (*continuar*). Tudo isso para mostrar que é impossível aumentar os resultados em vendas se não houver um cuidado especial consigo mesmo, com o que você tem de mais precioso, que é a sua vida. É impossível conhecer o cliente sem conhecer a si.

Então, o que é preciso fazer neste momento? Existe uma máquina, e ela precisa oferecer boa performance para entregar ótimos resultados. Essa máquina é *você*, e o programa-base dela, para haver bom funcionamento, passa pela trindade do cuidado: corpo, alma e espírito.

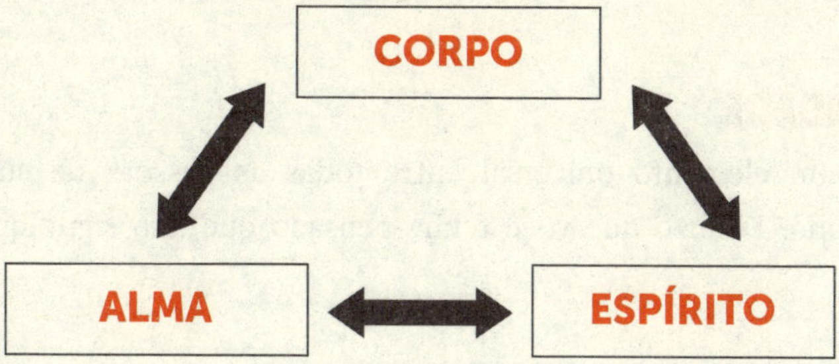

Cuidar desses três pilares, sobre os quais explicarei ao longo das próximas páginas, levará a um estado de *flow* intenso – algo como um fluxo contínuo do que precisa ser feito para que tudo possa melhorar, inclusive os resultados em vendas. O *flow* é uma sensação de prazer intenso pelo que se faz, com energia e foco. É um estado *contínuo* de realização, como se sentir unificado com o que precisa ser feito, assim como Ayrton Senna comentou sobre se sentir parte do carro nas corridas, sem conseguir diferenciar o veículo de si.[23] Ele entrava em *flow*, que é como você precisará estar com o corpo a partir de novos hábitos.

Mas para isso é preciso construir uma "atmosfera", ou seja, planejar a mudança, executar com constância e torná-la tão natural que você não precisará mais ficar se forçando a realizar, simplesmente saberá o que precisa ser feito. Se você se alimenta de modo saudável, não precisa ficar se lembrando a cada nova refeição de que está de dieta e vai comer alimentos de verdade. Você simplesmente é saudável e ponto-final. Essa é a atmosfera a que me refiro. É estabelecer o que precisa ser feito e repetir o novo hábito para que ele fique consolidado em sua mente, em seu subconsciente.

Isso acontece, por outro lado, porque você vai mudar a programação do cérebro. Se antes existiam dez códigos de hábitos ruins, agora você os substituirá por dez códigos de bons hábitos, o que nos levará ao fechamento do capítulo, um bônus com ideias de mudança de rotina para que você esteja mais alinhado a seus objetivos.

Continuar é, portanto, construir uma dinâmica para estar o tempo todo buscando corpo, alma e espírito melhores, de modo contínuo, até que isso se torne um hábito.

A TRINDADE

Existe um elemento universal entre todas as pessoas de sucesso no mundo. Deduzo que você tenha pensado que isso signifique ter

---

[23] **SENNA**: O brasileiro, o herói, o campeão. Asif Kapadia, 2010, 95 min. Disponível em: www.netflix.com/br. Acesso em: 29 jul. 2025.

dinheiro, mas não é. Dinheiro, em geral, é consequência do sucesso. O elemento universal entre todas as pessoas de sucesso no mundo é a *mudança*. É a premissa básica para ter sucesso, em qualquer área da vida. O Patrick que entrou no avião partindo de Curitiba para morar no Nordeste disse "sim" à mudança, e com isso construiu sucesso. Todas as pessoas que deram certo um dia renderam-se à mudança. E sabe por que isso é tão importante? O sucesso não fica no lugar-comum, no ato de viver conformado com o que se tem e com o que se faz. A mudança abre novas portas, mexe com o "código do universo", para haver espaço para o novo.

Assim, quando cheguei em João Pessoa, em 2020, com a decisão de mudar, percebi que o próximo passo seria cuidar da trindade corpo, alma e espírito. E para isso precisei entender a importância desses pilares, e assim aumentar minha performance e, consequentemente, ser um vendedor melhor.

Corpo

Dentro do pilar *corpo*, temos alimentação, hidratação, atividade física e sono. Não pretendo trazer aqui os detalhes sobre como cuidar de cada um desses elementos, mas é importante entender que os ignorar compromete diretamente o desempenho como vendedor.

Uma alimentação saudável é essencial porque fornece energia para vender melhor, cuidar dos clientes, fazer visitas, se necessário, e muito mais. Comer bem evita picos ou quedas muito bruscas de energia, que podem afetar o foco e a tomada de decisões.

Igualmente importante é a hidratação. Tomar a quantidade correta de água ajuda a regular as funções cognitivas e evita a sensação de cansaço mental. Um corpo desidratado tem menor concentração e mais baixa capacidade de resposta rápida quando necessário, com aumento da sensação de cansaço.

Atividade física, por outro lado, é como um foguete que direciona a produtividade e a performance da máquina que você é. Exercícios ajudam a melhorar o humor, e assim você consegue construir relações melhores com os clientes, além de aumentar a disposição e reduzir a sensação de estresse, que pode ser grande para um profissional de vendas. Com atividade física, fica mais leve lidar com a pressão.

O sono é uma das partes fundamentais deste pilar. É responsável por recarregar o corpo e a mente, já que descansar corretamente ajuda a melhorar a memória, aumentar a criatividade e a paciência, o que terá impacto direto no modo como você vende, se relaciona com os clientes e gera resultados.

Alma

Há algum tempo, uma consultora de vendas bateu à minha porta e entrou para conversar. "Chefe, estou muito mal. Tenho me sentido afastada de Deus, longe de um propósito maior". Fiquei em silêncio por alguns segundos e depois coloquei algumas perguntas para ela: (1) Você acredita que o que faz na empresa é algo bom?; (2) Você acredita que ajuda as pessoas ao trabalhar aqui?; (3) Você enxerga o mover de Deus aqui dentro?; (4) Acredita que está cumprindo um propósito maior fazendo o que faz? Para todas as perguntas, ela respondeu sim. Então chegamos juntos à conclusão de que ela se sentia afastada da igreja que costumava frequentar, da instituição religiosa que seguia, e isso estava afetando sua alma em todos os sentidos e a fazendo se sentir mal.

Independentemente de religião, crença ou credo, cuidar da alma é olhar o propósito do que se faz, algo que vai muito além de apenas bater metas ou fechar negócios e contratos. A alma precisa de combustível para funcionar bem. No caso da minha consultora de vendas, o combustível que ela costumava utilizar, a religião, estava em falta, afetando o propósito do seu trabalho. Para você, talvez o combustível possa ser outro, mas, de todo modo, é importante enxergar seu propósito verdadeiro como vendedor para alimentar bem a alma.

Além disso, a alma também está conectada à inteligência emocional, tópico abordado anteriormente, e à capacidade de fazer conexões genuínas nos relacionamentos. Veja, portanto, que me refiro aos relacionamentos pessoais e profissionais, ou seja, com a sua família, o time e os clientes. Ao fazer isso, você estará alimentando a própria alma, dando a ela o combustível necessário para permanecer confiante, motivado e em performance.

Para isso, você deve buscar entender seu propósito como vendedor, refletir sobre o que tem feito e como isso afeta a vida das pessoas ao redor, bem como buscar sentir-se grato pelo que tem ou pelo que faz. Sem isso, as atividades se tornarão um peso, e não uma evolução natural que o fará ter mais resultados na área em que trabalha.

Espírito

Essa costuma ser a parte mais íntima que temos com nós mesmos. Aquela que precisa de regeneração constante, cuidado e consciência, pois nos dá ainda mais motivação para seguir em frente. Voltando ao exemplo anterior da consultora, ela estava deixando de cuidar do espírito, que diz respeito à espiritualidade, fé e confiança em algo maior. O espírito é a força que nos mantém em movimento, é a conexão que temos com o todo para que possamos nos reerguer mesmo diante dos desafios. Ter espírito forte ajuda a encontrar um motivo para continuar, confiar mais em si, lidar com as negativas, com os desafios do dia a dia. Ao voltar a frequentar a igreja, ela se reconectou com o que fazia e elevou ambos os pilares, alma e espírito.

Um vendedor de sucesso e um vendedor medíocre são diferentes não pela ausência de adversidades para o primeiro, mas pelo modo como lida com o que acontece e decide seguir em frente. É o espírito que está fortalecido. Cuidar do espírito permite avançar mesmo quando os resultados não estejam tão claros, pois você confiará no processo e no que tem aprendido até aqui, então sabe que o esforço sempre será recompensado.

Constância

E já que estamos falando sobre *continuar* a partir da mudança de hábitos, não há como não mencionar a *constância*, que significa ser, de fato, constante, fazer uma atividade ou se propor a algo e entregar aquilo com que se comprometeu. Mas quero dar outro significado para o termo: constância é a habilidade de voltar rápido ao novo hábito sempre que se perder pelo caminho.

Imagine alguém que se propõe a cuidar dos pilares corpo, alma e espírito a partir do que acabei de explicar. A pessoa coloca como meta de mudança passar a ter uma alimentação saudável e praticar atividade física regularmente, porém, em uma semana complicada de trabalho, fim de mês, fechamento de metas, decide faltar um dia à academia e acaba se alimentando mal para compensar o cansaço e o desânimo que a abarcaram. É aqui que entra a constância. Tudo bem errar, mas ter constância é construir a habilidade de voltar rapidamente ao que precisa ser feito após o erro. No dia seguinte, é com a constância que essa pessoa voltará à rotina saudável.

Infelizmente, o sinônimo de constância acabou se transformando em perfeição, o que é completamente irreal e infundado. Não há ser humano perfeito e não há como se manter completamente fiel aos novos e bons hábitos. Ninguém consegue ser constante a todo momento e em todas as épocas da vida. Porém, bem-sucedidos são aqueles que conseguem voltar rapidamente ao que precisa ser feito para, então, atingir a constância e os resultados que desejam.

Se você estipulou para si a meta de se alimentar de maneira saudável e furou isso no sábado, volte ao hábito de comer bem no domingo mesmo; se iniciou atividade física e precisou perder um ou mais dias por algum motivo, retome o quanto antes; se não conseguiu se hidratar adequadamente porque ficou preso em um dia lotado de reuniões e visitas a clientes, no dia seguinte não deixe de se hidratar; se você teve uma noite de insônia por algum motivo, comprometa-se a ir se deitar mais cedo, sem celular e telas, para recuperar o sono; se por algum motivo não priorizou o cuidado da alma, alimentando seu propósito, retome os períodos de reflexão e anotações, para ter certeza do motivo pelo qual faz o que faz; se deixou a espiritualidade de lado, independentemente de qual seja, coloque isso o quanto antes como prioridade, para alimentar o espírito.

Esses são hábitos de bons vendedores, e é com constância e agilidade de voltar a fazer o que precisa ser feito que é possível cuidar de corpo, mente e espírito, bem como tratar melhor seu self, que é você.

BÔNUS: UMA NOVA ROTINA

Para aplicar tudo o que vimos neste capítulo, separei este bônus com ferramentas e novos hábitos para inspirar você nessa etapa tão crucial da mudança.

Para começar, quero contar como são as minhas manhãs: todos os dias, acordo às 5 horas, faço a higiene pessoal e vou meditar e orar por 15 minutos. Em seguida, pego o bloco de anotações e faço algo que aprendi há muitos anos e mudou a maneira como o meu dia acontece: escrevo, diariamente, como será o dia. A Neurociência já explica que a palavra escrita tem maior peso do que a palavra digitada, então escrever me ajuda a visualizar o que vai acontecer, o que quero para aquele dia e como serão as minhas atividades.[24] Depois desses momentos, começa o meu dia. Tomo café da manhã, vou para academia e, no retorno, começo a trabalhar.

Às 9 horas da manhã, já cumpri 70% da minha performance do dia, já cuidei de boa parte das tarefas relacionadas ao corpo, à mente e ao espírito. Com isso, meu dia fica muito mais leve e a rotina, mais fácil. Ter uma alimentação saudável é importante para mim, então fica mais fácil recusar um pedaço de bolo, pois não quero perder o esforço que fiz até então. Não estou sugerindo que comer um pedaço de bolo é errado, só que fazer isso não combina com o equilíbrio de vida saudável que eu estabeleci para mim.

Deixo aqui então a primeira grande ideia do *continuar*: estabeleça uma rotina ao acordar. Se você programou o alarme para tocar às 6 horas para ir fazer atividade física, ignore o celular nos primeiros minutos

---

[24] MUELLER, P. A.; OPPENHEIMER, D. M. The Pen Is Mightier Than the Keyboard. **Psychological Science**, 23 abr. 2014. Doi: 10.1177/0956797614524581.

e vá fazer o que precisa ser feito. Garanto a você que a rotina fica muito mais leve quando não pegamos o celular logo depois de abrir os olhos de manhã. Veja como será seu dia, ore ou medite, escreva suas intenções para as próximas horas. Isso tudo ajudará a ter mais performance.

Depois, ainda no período da manhã, costumo colocar as tarefas mais complexas que preciso realizar e faço isso a partir da minha lista "preciso". Para quem não sabe, a lista preciso é uma lista de prioridades que servirá para saber exatamente o que tem que ser feito, ou seja, sempre que estou em outra atividade e me lembro de algo que preciso fazer, vou até minha lista e anoto. Às sextas-feiras, que costumo chamar de Sexta Power, repasso a lista preciso e organizo todas as tarefas na minha agenda, priorizando o que é mais complexo pela manhã e trará mais resultados. Ter essa lista ajuda a tirar a carga e o cansaço mental para não ficar indo e voltando no que tem que ser feito, afinal estará tudo anotado, basta organizar quando será feito. Você pode fazer isso em um bloco de anotações no celular ou no papel mesmo, mas não deixe de ter.

Esse formato de divisão de tarefas nos leva ao segundo ponto-chave da nova rotina, que é organizar melhor as atividades que precisam ser feitas, criar uma lista e estipular um dia para lê-la e dividir as atividades ao longo da semana. Faça isso de modo a priorizar o que gera mais resultados, o que conecta com as atividades chave de resultado (ACR) e atividades suporte de resultado (ASR).

Para entender o conceito, imagine que existem dois tipos de atividades comerciais. A primeira, a ACR, é tudo aquilo que, ao fazer, você terá mais retorno financeiro. Se você, como vendedor, ganha mais ao fazer prospecção, então essa é uma atividade essencial de resultado. Se ganha mais dinheiro ao fazer fechamentos, então aí está a sua ACR, e por aí vai. Se, por outro lado, ler um livro, fazer planilhas ou apresentações não são atividades que geram resultado imediato e proporcional ao esforço despendido, temos as atividades suporte de resultado, ASR.

Fazer planilhas ou apresentações muitas vezes pode ser importante para o vendedor, mas não será aquilo que vai trazer retorno imediato, por isso não podem ser consideradas atividades chave de resultado. E aqui entra a grande jogada: é preciso utilizar o Princípio de Pareto[25] na divisão entre ACR e ASR, retomando o que expliquei na introdução, com a divisão de atividades da sua agenda: 80% do seu tempo deve ser destinado à ACR e 20% à ASR.

Coloque 80% do seu tempo em atividades que trarão recursos e retorno, que vão aumentar sua renda de modo ativo, como prospecção, atendimento a clientes, conseguir e qualificar novos leads, entre outros. O restante das atividades precisa entrar nos 20% a que você dedicará tempo, pois é importante, mas não trará resultado imediato. Faço isso com a minha agenda até hoje, e sou muito disciplinado em relação ao tipo de atividade que vou desenvolver ao longo da semana e do dia, pois usar a regra 80/20 combinada com ACR e ASR muda o jogo.

Então, observe sua agenda a partir de agora, veja em quais atividades você tem gastado tempo e considere fazer mudanças até mesmo naquele café que toma no período da tarde dentro do escritório e que não está agregando nada, apenas fazendo você desperdiçar tempo jogando conversa fora. Sei que pode ler isso e pensar que não é o seu caso, que você trabalha todos os dias e chega exausto em casa. Mas perceba que interessante: o cansaço nem sempre é sinônimo de resultados.

Um exemplo rápido: um vendedor que trabalhava comigo era muito prestativo. Imagine um cara maravilhoso! Era ele. Estava sempre ajudando os outros, era proativo com tudo, produtivo e trabalhava muito o dia todo. Esse vendedor estava muito mais tempo do que os outros no escritório, mas não vendia. Em determinado momento, ele saiu, e a conclusão da história é: ele gastava muito tempo com outras atividades que não eram ACR. Por isso não tinha números expressivos em vendas.

Ocupar-se não é o mesmo que produzir. Muitos vendedores vão ao escritório para se ocupar, passam o dia fazendo mil atividades, mas no fim das contas não são atividades que geram resultado financeiro proporcional ao tempo gasto com aquilo. Não são ACR, e sim ASR. Vender

---

[25] LAOYAN, S. Entendendo o princípio de Pareto (a regra 80/20). **Asana**, 5 mar. 2025. Disponível em: https://asana.com/pt/resources/pareto-principle-80-20-rule. Acesso em: 28 maio 2025.

um caminhão de pedras e descarregá-lo na construção errada dá o mesmo trabalho do que fazer o mesmo na construção certa, porém não gera o mesmo resultado. Cansa, é difícil, mas não traz retorno.

Essa é a mentalidade que você precisa adquirir. Avalie a agenda, e não se iluda caso as suas atividades não sejam ACR. Mude isso o quanto antes para aplicar a regra 80/20.

E não se esqueça: faça todas essas mudanças de rotina enquanto cuida do corpo, da mente e do espírito. Reforçando: não tem como ser um bom vendedor sem ser um bom ser humano.

Caso queira saber mais sobre todos os temas da 1ª camada, aponte a câmera do seu celular para o QR code a seguir ou digite o link no seu navegador.

https://pofazze.com/aula1

PARTE 2

2ª CAMADA: COMPORTAMENTO DO CLIENTE

Quem entende de comportamento vende mais. Essa é uma verdade universal, e precisa estar internalizada em sua mente.

Na 1ª camada, mostrei tudo o que era necessário para fazer você compreender como é importante cuidar do comportamento para vender mais, e isso precisa acontecer em uma jornada cíclica, porque nunca nos conhecemos o suficiente, precisamos sempre buscar melhorar.

Agora, na 2ª camada, chegou o momento de avançar para o comportamento do cliente. A jornada nunca será sobre você, precisa ser sobre quem está do outro lado, precisando do produto que você vende ou da solução que entrega.

Justamente por isso, você vai aprender sobre motivos e como identificar o perfil comportamental do cliente para personalizar a comunicação e a abordagem, de modo que a interação entre as partes – vendedor e consumidor – esteja alinhada com a linguagem comportamental que aumentará a chance da venda.

CAPÍTULO 7

MOTIVOS DE COMPRA

O cliente não compra pelos seus motivos, e sim pelos motivos dele. E a lógica para compreender isso é simples: imagine que você gosta de pescar, então decide organizar uma pescaria no próximo sábado. Separa as varas, o carretel, a linha e as iscas. Porém você gosta muito de chocolate, o que o faz decidir separar pequenos pedacinhos de chocolate como isca. Em vez de utilizar minhoca, camarão, iscas artificiais, ração para peixe ou qualquer outro tipo de isca comumente utilizada na pescaria, você decide levar chocolate, afinal, você é um apreciador e acha maravilhoso o sabor do chocolate.

Vai dar certo? Provavelmente, não. Você vai pegar peixes? Provavelmente, não. Mas você gosta tanto de chocolate, então por que não daria certo para pegar peixes? Porque não é sobre o que você gosta, é sobre o que o peixe gosta. Vendas não é sobre o que o vendedor gosta, é sobre o que o cliente gosta. Entender isso muda o jogo.

Camila Farani, empresária, palestrante, autora best-seller e ex-jurada do Shark Tank Brasil, reality show focado em empreendedorismo, conta uma história de que gosto muito, e que já ouvi em palestras. Ela fala que, em um de seus primeiros negócios, decidiu abrir uma brigaderia, e como ama a cor rosa, decidiu fazer absolutamente tudo da identidade visual do negócio nessa cor. Até a maquininha de pagamentos era cor-de-rosa. Tinha tudo para dar certo, mas deu errado. Por quê? Ela gostava de rosa, mas o cliente, não. Um negócio não deveria ser sobre o que ela gostava, e sim sobre o que o cliente gostava, sobre as motivações dele.

Em vendas, principalmente porque os vendedores são também empreendedores, a ideia é a mesma. É indispensável separar o que é gosto pessoal do que é do cliente, separar o que é um fator decisivo de compra seu do que é um fator decisivo de compra do cliente. Para vender mais, é preciso entender verdadeiramente o que o cliente quer e como pode oferecer isso da melhor maneira possível. Dito isso, é preciso focar as pessoas.

EVOLUÇÃO DAS VENDAS: DO PRODUTO AO COMPORTAMENTO

O mundo tem passado por transformações profundas nos últimos séculos, e não seria diferente com a atividade de vendas. O que antigamente pautava-se apenas em um processo de oferta e procura, hoje se transformou em um processo sofisticado e centrado no cliente, em suas experiências e comportamentos, assim como fica claro observar na figura a seguir, que ajuda a entender como aconteceu a evolução das vendas e como a decisão saiu do foco no produto e passou a ter foco no cliente/comportamento.

Primeiramente, houve a *Era do produto* (1945-1960), cujo centro era a produção em massa no período pós-Segunda Guerra Mundial, uma vez que existia um mercado aquecido, com alta demanda e pouca oferta. Foi uma fase importante, porque empresas faziam produção em larga escala e investiam na eficiência dos processos industriais, o que facilitou muito a produção como vemos atualmente. No entanto, as opções de compra eram poucas. Qualidade e preço eram os fatores decisivos para a decisão do consumidor.

Já na *Era da comunicação* (1960-1980), foi possível observar um aumento da concorrência, o que fez o marketing e a publicidade projetarem-se, bem como a utilização de novos meios de comunicação – rádio e TV – para explorar argumentos que aumentariam as chances de compra. Vendedores precisaram começar a utilizar técnicas mais sofisticadas de vendas.

Em seguida, na *Era da informação* (1980-2000), aconteceu a revolução da internet e o empoderamento do consumidor, transformando completamente o modo como as pessoas compravam e vendiam, uma vez que passaram a ter acesso a informações mais detalhadas sobre produtos, comparações de preço e avaliações. As soluções oferecidas, tanto produtos quanto serviços, precisaram passar a ser personalizadas.

Na *Era da experiência* (2010-2020), impulsionada pelo período anterior, vimos o poder das redes sociais, com a digitalização do mercado e a valorização da experiência do cliente como diferencial competitivo. Empresas perceberam que vender o produto ou o serviço não era mais suficiente, era preciso gerar algo memorável, o que fez surgir novas abordagens que influenciaram diretamente o papel do vendedor no processo de vendas, uma vez que ele precisava suprir essa nova demanda.

Por último, na *Era do comportamento*, que está acontecendo neste exato momento, o foco principal é nas pessoas. Para vender, não basta mais oferecer um produto ou uma experiência, é preciso entender de comportamento humano. O cliente busca marcas que compartilham seus valores, quer uma jornada personalizada para si e relações autênticas. O vendedor, portanto, precisa dominar tudo o que estamos vendo aqui, incluindo o motivo de compra do cliente.

Sendo assim, alguns vendedores infelizmente ainda focam o produto para tentar vender, mas bons vendedores precisam focar as pessoas para vender soluções. É aqui que está a grande falha de empresas e vendedores: é tentar impor a vontade pessoal e individual como motivo de compra para o outro. Isso não funciona. Está ultrapassado. Sabe por quê? Daniel Kahneman, psicólogo, economista e ganhador do Prêmio Nobel de Ciências Econômicas de 2002, descobriu algo revolucionário ao apontar que as pessoas não tomam decisões racionais e lógicas, mas decisões emocionais e inconscientes, assim como expliquei anteriormente.[26] As pessoas raramente escolhem entre coisas; escolhem entre descrições das coisas.

Isso significa, por exemplo, que brigar apenas por preço, trazendo desconto para o cliente, não é um fator decisivo para a decisão de compra, porque não vai mudar nada na vida dele, a não ser proporcionar economia financeira. Contudo, menor preço não abarca o ponto principal: o comportamento do cliente e o que está por trás da decisão de compra. Os melhores vendedores são aqueles que descobrem o que o cliente verdadeiramente quer e vendem algo personalizado e exclusivo para ele, o que nos leva aos motivos de compra.

O MAPA DA MOTIVAÇÃO HUMANA

Abraham Maslow era um homem curioso. Observava as pessoas e se sentia inquieto em relação às suas motivações, então analisava o comportamento humano para tentar entender algo primordial: por que algumas pessoas pareciam felizes e realizadas enquanto outras viviam em uma espiral de frustração e tristeza?

Para descobrir mais sobre essa diferença, decidiu estudar indivíduos grandiosos, que pareciam sentir realização plena e conseguiram algum sucesso na vida, então conversou com artistas, líderes, cientistas, entre outros, e chegou à grande conclusão de que eles não haviam começado a

---

[26] KAHNEMAN, D. **Rápido e devagar**: duas formas de pensar. São Paulo: Objetiva, 2012.

própria jornada em busca de fama ou reconhecimento, o objetivo era atender às necessidades mais básicas que tinham, como conseguir comida, abrigo e segurança. Depois disso, poderiam focar em objetivos maiores.

Com isso, veio também um momento eureca: essas necessidades não apareciam todas de uma vez, mas em uma ordem específica e organizada, como se fossem degraus de uma escada. E caso você ainda não saiba de quem estou falando, Abraham Maslow foi o psicólogo norte-americano responsável pela construção da Pirâmide de Maslow,[27] conhecida também como teoria da hierarquia das necessidades humanas. Apesar de ter utilizado um pouco de storytelling para contar o resultado de seus estudos, a pirâmide é consolidadana psicologia e utilizada pelas mais diversas áreas para a compreensão do comportamento humano, até mesmo na área de vendas, afinal, não dá para vender sem entender primeiro o que essa pessoa realmente precisa e deseja.

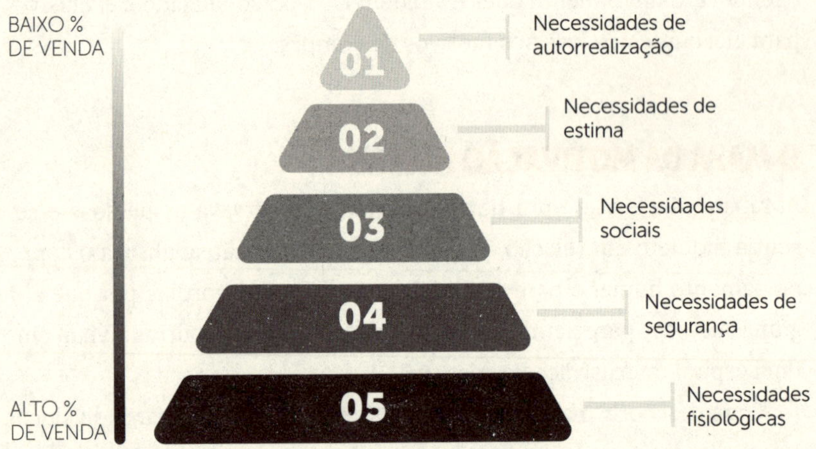

[27] RODRÍGUEZ, M. Abraham Maslow, o homem que revolucionou a psicologia: "Queria provar que humanos são capazes de algo maior que guerra, preconceito e ódio". **BBC**, 22 dez. 2024. Disponível em: https://www.bbc.com/portuguese/articles/cpdne9vnn2wo. Acesso em: 30 maio 2025.

Na base da pirâmide, na camada 5, estão as necessidades fisiológicas, como saciar a fome ou a sede. São elas que nos mantêm vivos e perpetuam a espécie, por isso são tão importantes. Acima, na camada 4, a necessidade de segurança, pois, ao se sentir satisfeito, o ser humano começa a se preocupar com o que está ao redor, teme pela própria vida. Na camada 3, as necessidades sociais. Com as camadas 5 e 4 em perfeito equilíbrio, precisamos de relações pessoais para nos sentirmos mais realizados. Depois, na camada 2, as necessidades de estima, de reconhecimento, que motivam as pessoas a buscarem se sentir valorizadas e respeitadas. Por último, na camada 1, a necessidade de autorrealização, que foca o crescimento pessoal, a criatividade e o impacto gerado no mundo, relacionando-se à autonomia, independência e muito mais.

Não precisamos inventar a roda. Maslow nos deu essa pirâmide, e com ela é muito mais fácil entender os motivos de compra do cliente. Para o vendedor, quanto mais ancorar o processo de vendas à base da pirâmide, saindo das camadas do topo e chegando às camadas profundas, que envolvem necessidades básicas de sobrevivência, mais alto é o percentual de efetivação de venda. Então, vejamos um exemplo clássico.

Imagine que você seja vendedor de carros e recebe um cliente que busca um modelo recente. Quando questionado sobre o motivo da compra, ele diz que é um sonho adquirir aquele carro. Ótimo, com essa informação, verificamos que é um motivo de camada 1, referente à autorrealização. Você, no entanto, já sabe que esse motivo é muito superficial, é preciso investigar um pouco mais, então faz perguntas inteligentes para tentar entender camadas mais profundas da busca pelo carro novo (ver mais a respeito no Capítulo 10). Pergunta, então, para o cliente: "Mas você joga bola, não é?", "Como se sentiria chegando na terça-feira de carro novo?". Ele provavelmente responde que se sentiria importante, aceito. Chegamos à necessidade social, camada 3, então você faz mais algumas perguntas e descobre que o carro atual desse cliente não é tão seguro, e ele está buscando algo que proporcione segurança para a família. Bingo. Chegamos à camada 4, que tem muito mais potencial de ancoragem de vendas do que a camada 1. Com essa certeza, poderá personalizar a venda para ele, conforme discutiremos no Capítulo 11.

O objetivo, portanto, é sempre avaliar o cliente para tentar entender em qual patamar da Pirâmide a compra se encaixa. Com essa resposta e com as perguntas certas, você deverá buscar ainda mais profundidade para entender as necessidades básicas que podem estar por trás da compra, para então oferecer algo que faça realmente sentido para ele. Com isso, mostrará àquela pessoa que o produto ou o serviço é tão necessário quanto as suas necessidades mais primitivas, por isso a chance de convencimento é muito maior.

Em 2020, recebi uma ligação de um parceiro corretor de seguros. Ele me contou que tinha atendido uma cliente em potencial que havia fechado um seguro de vida por 600 reais por mês. Ele tinha me ligado para explicar que ela estava interessada em fazer um consórcio, então houve indicação do meu trabalho na Ademicon, entretanto ele achou melhor me alertar de que ela mencionara dificuldades financeiras, então achava que a efetivação do consórcio poderia não acontecer ou seria um trabalho muito "sofrido". Independentemente de como poderia ser essa venda, ou se iria ou não acontecer, fui atender a cliente. Quando cheguei ao escritório dela, vi a foto de uma criança no porta-retrato, e pensei: *Imagino que seja o filho dela, então é uma boa oportunidade para entender o motivo de compra.* Fiz perguntas, conversei sobre o que ela queria e percebi que a necessidade de fazer um consórcio ia muito além da autorrealização, estava ancorada nas camadas 4 e 5, porque ela queria proporcionar segurança (4) para o filho no futuro e cuidar dele e de tudo o que precisaria (5). Adivinhe só? Saí de lá com um contrato fechado, e ela tinha assumido uma parcela de 4 mil reais mensais. Substituí o produto pelo motivo. E quando liguei para meu parceiro para contar que tinha conseguido fechar, e em quais condições, ele ficou chocado.

O que eu fiz foi descobrir o real motivo de compra para oferecer algo completamente personalizado com foco no que ela mais precisava. Atendi uma necessidade muito básica da vida dessa cliente, que era proporcionar segurança e uma boa vida para o filho. Se você vende consórcios, precisa descobrir o real motivo de compra do cliente para atender às necessidades mais primitivas dele. Se você vende seguros, carros, imóveis ou qualquer outro tipo de bem ou serviço, a lógica é a mesma. E para produtos de ticket médio ou baixo, faça isso de modo que trabalhe as necessidades básicas da massa, considerando a maior amostragem de pessoas possível e descobrindo o que pode estar ancorado ali.

Os melhores vendedores conseguem avaliar profundamente os clientes para enxergar o real motivo de compra e oferecer o que há de melhor para eles. Ao se sentar na frente de um cliente, o exercício mental que você precisa fazer é: por qual motivo ele compraria de mim? Por que ele assumiria a parcela do que estou oferecendo? Por que investiria seu dinheiro no que vou vender? Se a resposta para essas perguntas não for concisa, ou pior, se o motivo for forçado, pautado apenas no interesse individual do vendedor, então a persuasão não se sustenta e não gera retenção.

Aqui, inclusive, sei que o tema pode gerar dúvida. Em geral, no fim das minhas palestras, geralmente abro espaço para perguntas, e já ouvi inúmeras vezes vendedores perguntando sobre como podem motivar o time de vendas. Minha resposta é sempre a mesma: você não pode motivar ninguém. Motivação é "motivo para a ação", e não há como chegar em alguém e embutir no outro que internalize algo que está dentro de você. Nesses casos, em geral pergunto para a pessoa que fez a pergunta por qual motivo ela acorda todos os dias para ir trabalhar. Alguns meses atrás, um vendedor me disse que fazia isso para dar uma vida melhor aos filhos. É nesse ponto que está o motivo para a ação, e o que vale para o vendedor vale também para o cliente.

Aquela era a motivação dele, porém, precisei fazer uma pergunta para chegar à essência da sua motivação. Com o cliente, é preciso fazer o mesmo. A motivação do cliente para fazer determinada compra sempre estará ancorada nas camadas da pirâmide, e encontrar o motivo para a ação, que é a compra, requer buscar em sua essência o que ele deseja atender ou realizar. É impossível embutir motivação nos clientes, mas é possível, a partir de uma boa conversa, entender o motivo da compra e agir com base nisso. Muitas vezes, o cliente nem sabe qual é a necessidade básica que está tentando amparar. Mas você pode encontrá-la para ele.

Então encontre primeiro a dor do cliente, depois mostre o motivo. Não há nada mais prazeroso do que decidir fazer uma compra quando sentimos que nossas necessidades foram atendidas. Lembre-se sempre de que o cliente não compra seu produto, compra a transformação que você vende. Sua missão como vendedor é descobrir a transformação de que o cliente precisa. E isso é ter foco nas pessoas, em suas necessidades, preocupações e anseios. Compreender os motivos de compra do cliente é se colocar no lugar dele.

Para finalizar, pare para refletir um pouco e se pergunte: se você fosse um cliente de sua própria marca, produto ou serviço, você compraria de si? Gostaria da jornada de compra? O que buscaria? Comece por aqui. Essas perguntas são um ótimo termômetro para entender um pouco melhor os motivos e o comportamento de quem compra de você.

CAPÍTULO 8

IDENTIFIQUE O PERFIL DO CLIENTE

Costumo dizer que a minha escola de vendas foi o teatro, porque fiz aulas por alguns anos e aprendi muito dentro desse universo. Meu mentor de vendas, Rafael Mendes, era diretor de teatro e falava algo mais ou menos assim: "Irmão, não vejo diferença entre teatro e vendas, porque o vendedor nada mais é do que um personagem. Para vender, ele precisa assumir um personagem para conseguir entender como cada cliente funciona, falando, então, a linguagem de quem está do outro lado".

Na dramaturgia, quando o ator assume um papel diferente, precisa viver a vida daquele personagem de perto, muitas vezes mudando o modo de falar, o sotaque, a maneira de se comportar, a postura, o que fala e como fala. O ator precisa incorporar o personagem, viver a vida dele. Já li algumas histórias de personagens que foram tão poderosos na vida pessoal dos atores que foi necessário certo afastamento para se recuperarem, como aconteceu com Tom Holland, depois de ter gravado *Entre Estranhos*, história baseada no livro *The Minds of Billy Milligan*, de Daniel Keyes, que conta a história de Danny Sullivan, um jovem preso em 1979 após um tiroteio que acaba se desdobrando em um transtorno dissociativo de muitas personalidades diferentes.

Na época, Holland contou que ficou tão imerso no personagem que precisou tirar uma semana de férias das gravações e foi ao México para se recuperar. Em outro momento, disse que sentiu uma vontade imensa de raspar a cabeça, porém estava em processo de gravação e não poderia. Então terminou de gravar e deu uma pausa na carreira para se restabelecer.[28]

---

[28] SANTOS, B. B. "Me quebrou": Tom Holland chegou ao limite em nova série e anuncia pausa na carreira como ator. **Adoro Cinema**, 9 jun. 2023. Disponível em: https://www.adorocinema.com/noticias/series/noticia-1000028089/. Acesso em: 30 maio 2025.

Claro que, guardadas as devidas proporções, a fala do Rafael Mendes é sobre esse processo de incorporar um personagem, e explico: um vendedor, frente a frente com o cliente, precisa entender de comportamento e como esse cliente se comunica, para assim adaptar a própria linguagem à conversa. O motivo é simples: em uma conversa com alguém, você já teve a impressão de que não estava conseguindo se entender com a pessoa? Imagino que sim. Isso acontece porque as pessoas têm perfis comportamentais diferentes, o que as faz se comunicarem de modo diferente. E para a comunicação ser mais leve e fluida, e as partes consigam se entender, é necessário adaptação de ambos os lados. No caso dessas conversas que não fluem, provavelmente os interlocutores têm perfis muito diferentes e não estão conseguindo chegar a um equilíbrio.

Vendedores não podem passar por isso e precisam adaptar a própria comunicação, praticamente assumindo um novo personagem, para poder se comunicar melhor com o cliente. Precisam atender os clientes como se estivessem dividindo-os em atos de uma peça teatral: a cada novo cliente, um novo ato, por isso um novo personagem, uma nova linguagem e uma nova comunicação. Isso vai ajudar a melhorar a conversa, a interação, a troca e, ainda, entender com maior facilidade os motivos de compra.

Se tudo isso está parecendo muito estranho, tenho duas analogias simples que podem ajudar. A primeira é sobre como você provavelmente se comunica com a família e os amigos. A maneira como fala com seus pais muito provavelmente precisa ser diferente da que fala com os amigos, e se você tem grupos de amigos diferentes, o modo como se comporta e conversa em cada um também é diferente, porque as pessoas são indivíduos únicos e geram atmosferas distintas, o que nos obriga a também nos adaptar ao que está acontecendo. E isso não é feio ou errado, apenas uma adaptação da mente ao contexto.

Outra analogia simples para entender esse processo é imaginar as estações do ano ou as viagens que já fez. Durante o verão e a primavera, dependendo do lugar em que você mora, precisa usar roupas mais frescas; durante o inverno e o outono, roupas mais quentes. Caso vá viajar para o litoral, precisa se adaptar e levar determinado tipo de roupa. Se vai para um local com neve, outro tipo adequado de roupa.

Estamos, a todo momento, nos adaptando e mudando o modo como reagimos ao meio. Isso é normal. Então, para entender melhor o cliente, é preciso conhecer seu perfil comportamental e também se adaptar. Para uma venda ter mais chances de acontecer, o vendedor não pode atender o cliente da maneira como ele prefere – ou sabe – atender, mas da maneira como o cliente precisa ser atendido.

PERFIL COMPORTAMENTAL

Em 1928, William Moulton Marston publicava *Emotions of Normal People* [As emoções das pessoas normais],[29] um livro que mudaria a maneira como a humanidade enxerga os indivíduos. PhD em Psicologia pela Universidade de Harvard, Marston desvendou, em seus estudos, uma combinação de quatro fatores que permeiam o perfil das pessoas: dominância, influência, estabilidade e conformidade. Além desse trabalho, há duas curiosidades sobre ele: também ficou conhecido por ter criado a Mulher-Maravilha, sob o pseudônimo Charles Moulton, e o teste de pressão arterial sistólica, que é utilizado em detectores de mentiras.[30]

No livro, utilizado como base para todas as metodologias DISC, Marston demonstra um modelo de análise comportamental com o objetivo de aumentar o autoconhecimento, melhorar a qualidade dos processos de contratação, desenvolver pessoas e outras estratégias de gestão pessoal e crescimento profissional. Se recordar, comentei sobre a teoria DISC na introdução, quando contei que não entendia por qual motivo alguns vendedores tinham maiores resultados e outros, não,

---

[29] MARSTON, W. M. **Emotions of Normal People**. Estados Unidos: Read & Co. Science, 2008.

[30] TUDO o que você precisa saber sobre Teste DISC e o efeito do perfil comportamental. **GPTW**, 12 mar. 2025. Disponível em: https://gptw.com.br/conteudo/artigos/teste-disc/. Acesso em: 30 maio 2025.

então apliquei o teste DISC em todo o time de vendas para mapear o perfil. Não acho que Marston um dia tenha imaginado quão poderosa seria sua teoria, afetando até mesmo o universo de vendas, seja para vendedores ou clientes.

DISC faz referência ao acrônimo em inglês da divisão de perfis dos indivíduos: *dominance*, *influence*, *steadiness* e *conscientiousness*, o que, para nós, será a segmentação entre dominante, influente, estável e analítico (fazendo referência ao perfil de conformidade, sobre o qual comentei anteriormente).

DOMINANTE	INFLUENTE	ESTÁVEL	ANALÍTICO
☑ **Como identificar** É o cliente que toma decisões rápidas e gosta de estar no controle, portanto, fala rápido, é objetivo, valoriza resultados e busca eficiência. ☑ **O que não fazer** Evite demonstrar indecisão, tente mostrar autoridade, seja objetivo e não fique indo e voltando em explicações. Jamais seja prolixo. ☑ **O que fazer** Deixe que ele fale, interaja com ele, seja animado, entusiasmado e crie conexão.	☑ **Como identificar** É o cliente extrovertido, que fala bastante, gosta de contar histórias e está antenado em novidades. É comunicativo! Aprecia interações sociais, valoriza a conexão interpessoal e o reconhecimento. ☑ **O que não fazer** Não seja frio, distante, formal ou muito técnico. Jamais ignore a sua necessidade de conexão, comunicação e interação. Não corte a sua fala bruscamente. ☑ **O que fazer** Faça de tudo para ser animado, criar conexão e reforçar os benefícios emocionais e sociais que enxerga nele. Fale e interaja bastante na conversa. Se possível, conte histórias ou traga novidades.	☑ **Como identificar** Este é o cliente calmo, que evita conflitos, que costuma ouvir muito mais do que falar. Em geral, preferem segurança e estabilidade nas decisões da vida, incluindo as que envolvem a compra. Valoriza relacionamentos duradouros e que possuem previsibilidade. ☑ **O que não fazer** Jamais pressione decisões rápidas. Não mude condições ou regras de última hora, assim como tente não gerar insegurança ou instabilidade em relação à venda. ☑ **O que fazer** É preciso passar o máximo de segurança que conseguir, mostrando que o cliente está fazendo uma boa escolha. Para isso, tente construir um relacionamento de confiança, explique com clareza, cuidado e paciência.	☑ **Como identificar** É o cliente que foca os detalhes, faz inúmeras perguntas, gosta de informações concretas e bem-fundamentadas, assim como há uma valorização da lógica, da precisão e do planejamento. Organização é tudo. ☑ **O que não fazer** Não seja vago, superficial ou impreciso. Sem justificativas concretas, nunca tente apressar a decisão de compra ou fechamento do negócio. Para os argumentos emocionais, jamais use sem dados reais. ☑ **O que fazer** Forneça dados, provas, números e índices reais e bem organizados. Mostre processos, dê explicações claras e concisas, com informações técnicas. Responda as dúvidas com paciência e precisão.

Sendo assim, o vendedor precisa entender as minúcias de cada perfil e assumir um personagem para adequar à comunicação. Eu, por exemplo, tenho prioritariamente o perfil dominante, e minha esposa, o perfil analítico como principal. Aqui entra um ponto relevante: é normal termos porcentagens diferentes de perfis em cada um de nós, mas geralmente um deles fica em maior evidência. Então vamos aos perfis e como geralmente são os clientes que fazem parte dessa divisão.

DOMINANTE

Toma decisões muito rapidamente. Eu sou assim. Empreendedor, objetivo, direto, prático e totalmente focado em resultados. O perfil dominante quer encontrar o caminho mais rápido para chegar ao objetivo. É um perfil de cliente mais assertivo, orientado ao ganho e decidido. Gosta de estar no controle e costuma gostar de assumir desafios. Com o dominante, o vendedor precisa fazer perguntas mais diretas e práticas, marcar reuniões rápidas e objetivas. Para identificar esse perfil, observe se o cliente parece falar mais rápido, se vai direto ao ponto, se parece impaciente, se está perguntando sobre resultados. Mostre o que ele vai ganhar ao fechar o negócio com você e seja agilizado.

INFLUENTE

Digo que esse perfil é o do artista. Gosta de novidades, de histórias e de interações sociais. Privilegia a comunicação, é sociável, comunicativo, extrovertido e se destaca em situações sociais. São geralmente mais persuasivos e suas habilidades interpessoais são fortes. Com clientes desse perfil, o vendedor deve privilegiar a comunicação. Conte uma história, pergunte sobre detalhes do dia a dia, fale sobre novidades, privilegie o storytelling da conversa. Não seja frio, formal ou técnico demais, porque o cliente não vai se identificar. Por fim, o apelo emocional é importante, então você vai precisar se conectar com a emoção dele para ter mais chances de fechar a negociação.

ESTÁVEL

Busca segurança, estabilidade, costuma ser mais quieto e evita conflitos a todo custo. Com esse perfil, pegue sempre o caminho da segurança. Apresente o motivo de o seu produto ou serviço ser estável e seguro, como ele estará adquirindo a melhor possibilidade nesses termos de mercado. Jamais pressione esse cliente nem tente induzi-lo a fechar o negócio rapidamente, ou seja, não use frases como "Você tem até hoje para decidir". Ele provavelmente não vai fechar. Além disso, dependendo do modo como apresentar o produto ou o serviço, saiba que ele vai desconfiar. Evite mudar informações ou colocar condições estranhas de última hora, porque isso vai gerar insegurança, e ele está buscando exatamente o contrário. Depois que enviar o contrato, o cliente provavelmente vai analisar algumas vezes, e é possível que peça ajustes. No meu caso, para melhorar a relação com um estável, costumo tentar estabelecer uma relação de confiança, contando detalhes da minha vida e mostrando que não vou "sumir" depois que fecharmos negócio.

ANALÍTICO

É geralmente mais metódico, gosta de ver os processos e os detalhes do que está fechando com o vendedor. Com clientes desse perfil, o vendedor precisa mostrar planilhas ou detalhes concretos do que está vendendo, apresentar números do resultado. Sugiro evitar apresentações muito lúdicas ou estilo "show", porque o perfil analítico não "compra slides", mas analisa as provas e as informações. É geralmente organizado, gosta de processos e números, bem como explicações técnicas, então eu normalmente sou mais técnico e mostro todos os detalhes do que será fechado caso ele decida seguir comigo.

Para ter sucesso em vendas, comece a conversa com o cliente tentando entender o perfil dele, a partir das orientações que acabei de explicar. No início, fazer essa análise pode ser difícil, mas com o tempo você pega o jeito. Caso a venda exija uma visita, você pode até mesmo observar os objetos do ambiente para tentar identificar padrões, profissões ou elementos condizentes com os perfis.

Por exemplo, se entrar em um ambiente para fazer uma venda e encontrar troféus ou certificados, é possível que o cliente tenha perfil dominante, pois é evidentemente focado em conquistas e resultados. Se entrar em um ambiente mais descontraído, com quadros motivacionais e fotos de muitos eventos sociais, é possível que o cliente tenha perfil influente. Se o local transmitir organização, sem excessos visuais e uma disposição mais metódica de objetos, é bem provável que você esteja perante um cliente de perfil estável. Se encontrar no ambiente pilhas de documentos, tabelas, números ou planilhas expostas, é possível que seja um analítico.

Tudo isso não é regra, é claro, mas fica muito mais fácil identificar com base em alguns detalhes que podem passar despercebidos e ajudam a trazer orientação de como será a negociação. Eu sempre avalio o ambiente para tentar encontrar pistas do perfil comportamental da pessoa com quem vou negociar. Você deve fazer o mesmo. Com o tempo, essa leitura se torna mais fácil, mas saiba que nenhum elemento do ambiente substitui uma boa conversa, pois é nela que você vai encontrar a certeza do perfil. Em um atendimento comercial padrão, geralmente o vendedor separa uma hora para estar com o cliente, então sugiro que você coloque 50% do tempo total disponível apenas para conversar e tentar identificar com quem está conversando, a não ser que o perfil seja dominante, pois nesse caso o atendimento será mais rápido. Ainda assim vale separar os primeiros minutos para ouvir e tentar identificar.

Isso não significa que a apresentação do seu produto ou serviço vá mudar. A apresentação estará ali, guardada, porém o modo como você a fará será diferente de acordo com o perfil descoberto. Se encontrar um dominante, por exemplo, trazer algo maçante com incontáveis slides vai espantá-lo. Se encontrar um influente, pode focar o storytelling do negócio. Se encontrar um estável, pode focar a parte da apresentação que demonstra segurança. E se encontrar um analítico, poderá ir direto aos números. Entendeu a lógica? Analisar e identificar perfis é indispensável para fechar mais negócios. Então tenha escuta ativa, treine, faça o exercício de sempre avaliar o que encontrou. Essa prática será aprimorada com o tempo.

Vamos a um exemplo prático. Imagine que você esteja fazendo um atendimento comigo, aqui na Ademicon. Marcamos uma reunião, eu, você e o cliente, e vamos ao escritório dele para negociar um consórcio. A seguir, vou detalhar algumas situações e quero que você tente imaginar qual é o perfil desse cliente.

Situação 1

Chegamos ao escritório e, ao começarmos a conversa, o cliente já vai falando: "Patrick, que legal que você veio. Queria aproveitar para saber mais sobre os dados. Tem alguma planilha para me mostrar? Quais são as métricas do produto? Queria que começasse me passando tudo isso para eu avaliar minha decisão".

Situação 2

Ao chegarmos ao escritório do cliente, e nos encontrarmos com ele no café da empresa, ele já vai falando sobre alguma curiosidade e puxa assunto de modo descontraído. Quando entramos na sala para avançar com a reunião, ele me pede que conte a minha história, interferindo em alguns momentos para pontuar sobre a própria jornada e mencionando detalhes do que viveu. No fim, ficamos quase duas horas nessa reunião.

Situação 3

Somos chamados a essa reunião para falar com um cliente que está trabalhando há muitos anos em uma empresa com uma rotina fixa. Ao chegarmos lá e começarmos a conversa, percebemos que é um cliente calmo e tranquilo, e suas perguntas sobre o consórcio giram em torno de planos de longo prazo.

Situação 4

Somos chamados por esse cliente na última hora, a reunião precisa acontecer para ontem e, ao chegar ao local, parece que ele está com pressa de finalizar o processo. Ele fala rápido, interrompe a todo momento e faz uma série de perguntas para entender quais serão seus benefícios se comprar o consórcio. Quer saber em quanto tempo terá o retorno.

E então? Será que você conseguiu identificar qual é o perfil de cada cliente? Anote as suas suposições. Na última página do capítulo, você encontra a resposta.

Por ora, releia essas situações e tente retomar mentalmente os atendimentos que já fez. Como eles aconteceram? Do que você se lembra? Seria possível identificar o perfil desses clientes? Tente imaginar as últimas reuniões, como foi a conversa, então faça uma avaliação para ver se elas se parecem em alguma medida com o que acabei de descrever.

Personalize a solução que entrega de acordo com o perfil do cliente, e faça isso ao assumir um personagem para poder negociar melhor e ter mais chances de fechar negócio.

Lembre-se: para vender mais e com maiores resultados, você precisa entender de comportamento, portanto, deve parar de tentar vender em sua zona de conforto, e se livre de atendimentos engessados ou conversas prontas. Avalie quem está do outro lado buscando a solução que você tem em mãos, analisando o perfil, mudando a comunicação e mostrando o que é relevante para ele.

Isso, sim, é conduzir uma boa venda. Caso queira saber mais sobre todos os temas da 2ª camada, aponte a câmera do seu celular para o QR code a seguir ou digite o link no seu navegador.

https://pofazze.com/aula2

RESPOSTAS

1: analítico; 2: influente; 3: estável; 4: dominante.

PARTE 3

3ª CAMADA: COMPORTAMENTO RELACIONAL

"Patrick, estou com muita dificuldade de fechar vendas", é algo que já ouvi inúmeras vezes dos vendedores, e entre as maiores dores desses profissionais, prospecção e fechamento são os termos mais mencionados. Sempre que isso aparece, sei que esse vendedor está com dificuldade na 3ª camada, comportamento relacional, que é a construção de uma relação positiva e duradoura entre as partes, vendedor e cliente, com fidelidade, para ser algo positivo para a empresa, a marca, o produto ou o serviço, assim como é positivo para quem compra.

Essa camada, portanto, vai muito além da construção de um relacionamento forçado ou falso, é uma abordagem que precisa ser verdadeira e só vai acontecer quando, enfim, o vendedor dominar as duas camadas anteriores: comportamento self, para ser uma pessoa melhor, e comportamento do cliente, porque passa a entender verdadeiramente quem está comprando.

Nos próximos capítulos, vou mostrar como você pode parar de ter problemas com fechamento de vendas ao entender quais ferramentas podem melhorar seu comportamento relacional.

CAPÍTULO 9

CONEXÃO: EMPATIA E AUTOPERCEPÇÃO

Uma pitada de nostalgia para você: hoje, temos o Bluetooth, o Airdrop e diversas outras tecnologias de transferência de dados, mas, antigamente, digamos que, na primeira década dos anos 2000, surgiu o infravermelho, uma tecnologia de transferência de dados pautada na radiação eletromagnética que emitia ondas em uma faixa de frequência inferior à luz vermelha por meio de um fotodiodo.[31] Você se lembra disso?

Em 2001, essa tecnologia era inovadora, algo completamente surreal para o que estávamos acostumados, e funcionava assim: o celular tinha uma pequena barra escura na lateral e precisava ficar ao lado do outro celular que recebia os dados. No entanto, naquela época a capacidade de transmissão era muito baixa, lenta, e servia apenas para enviar contatos, nos primeiros anos, e músicas e fotos nos anos seguintes. Mas se alguém mexesse o celular no processo, tirasse de perto, a transferência era interrompida e precisava começar do zero.[32]

Patrick, acho que você ficou louco. O que isso tem a ver com vendas?, você pode estar se perguntando. Nada. E tudo. Como? É simples! Com

---

[31] ALECRIM, E.; MARQUES, A. Infravermelho no celular: o que é, como funciona e para que serve a tecnologia. **Tecnoblog**, nov. 2023. Disponível em: https://tecnoblog.net/responde/o-que-e-infravermelho-celular-vantagens-limitacoes. Acesso em: 30 maio 2025.

[32] ALBUQUERQUE, K. Tecnologias antigas: antes do bluetooth, havia o infravermelho. **Olhar Digital**, 27 abr. 2022. Disponível em: https://olhardigital.com.br/2022/04/27/tira-duvidas/tecnologias-antigas-antes-bluetooth-infra vermelho/. Acesso em: 30 maio 2025.

a tecnologia do infravermelho, era preciso parear os celulares colocando-os lado a lado. Quando os aparelhos estavam perto, era possível fazer a troca de arquivos. Se alguém batia no celular ou o tirava de perto, a transferência era interrompida e tudo era perdido. Em vendas, acontece o mesmo. Comentamos anteriormente que vendas nada mais é que uma transferência de crenças. Então, quanto mais próximo eu estiver de alguém, mais fácil fica "transferir o arquivo". Se essa conexão for interrompida por algum motivo, a venda não vai acontecer. O fechamento não vai acontecer. E para vender, para transferir uma crença para outra pessoa, você precisa estar próximo dela. É fácil, mas quero deixar ainda mais.

Imagine que você esteja andando por uma calçada, em direção ao mercado, pois precisa comprar algumas coisas que estão faltando para fazer o almoço do fim de semana. De repente, uma pessoa levanta a mão para falar com você no meio do caminho e diz: "Sonhei com você e sei que você vai morrer". Você acreditaria? Provavelmente, acharia estranho, um tanto quanto inusitado, mas não acreditaria, afinal, aquela pessoa nunca viu você na vida, vocês não têm contato, não são próximas. Então vai ignorar essa informação.

Mas e se você se encontrar com uma amiga de infância de que gosta muito e sente muita consideração, e ela comentar o seguinte: "Tive um pressentimento com você. Um sonho estranho. Você está bem? Estou preocupada". Provavelmente, você dará maior relevância a esse comentário, porque levamos muito mais em consideração o que é dito por quem consideramos e amamos e por aqueles com quem nos importamos. Ouvimos com mais carinho as pessoas que querem o nosso bem.

Robert Cialdini, autor best-seller, palestrante e especialista em Psicologia e Marketing, já comentava exatamente isso em um dos princípios do seu livro *As armas da persuasão*: somos mais propensos a ser influenciados pelas pessoas de que gostamos.[33] O ser humano

---

[33] CIALDINI, R. B. **As armas da persuasão**: como influenciar e não se deixar influenciar. Rio de Janeiro: Sextante, 2012.

reconhece e precisa de conexão, por isso é um fato que "levamos ao coração" com maior facilidade aquilo que nos é dito por quem amamos.

Voltando, então: se vendas é uma transferência de crenças, e eu quero transferir algo para que você possa fechar a negociação comigo, preciso que se conecte comigo em um nível mais profundo para que o que eu vendo, o meu produto, plano, serviço, imersão, curso ou seja lá o que for, seja a crença na qual você também irá acreditar, ao meu lado. Se for vender um fone de ouvido para você, preciso que você acredite também, do mesmo modo que acredito, que esse fone será o produto que mudará sua vida. A venda tem chances muito maiores de acontecer quando o vendedor forma uma conexão genuína com o cliente. Venda é aproximação.

E não é preciso estar perto para transferir essa crença. Isso pode ser feito por inúmeros canais. Porém, quanto mais próximo você estiver, como no exemplo do infravermelho, maiores serão as chances de que essa conexão seja verdadeira, profunda e efetiva no processo de vendas. Ou seja, quanto mais próximo estiver do cliente, mais fácil será transferir a crença, a mensagem que precisa ser passada.

Dito isso, as próximas perguntas são: O que aproxima as pessoas? O que faz com que aconteça uma conexão genuína entre pessoas? O que faz duas pessoas estarem próximas? Empatia e autopercepção. Empatia é o ímã que conecta duas pessoas, e autopercepção é a bússola que mostra ao vendedor quais caminhos ele precisa seguir para poder gerar essa relação de proximidade.

EMPATIA

Do mesmo modo que você não daria atenção ao comentário de um estranho na rua, também deve desconsiderar completamente conhecidos que emanam inveja para suas conquistas, que são falsos e parecem falar tudo da boca para fora. Fazemos isso naturalmente porque esse tipo de comportamento nos afasta, não demonstra empatia – a capacidade de se colocar no lugar do outro e entender a dor dele. Gosto de dar um exemplo para explicar como a empatia aconteceria na prática.

Imagine que estou olhando para você, então pego uma lixa de unhas e começo a passar no meu dente da frente. Você vai pedir que eu pare, porque fica arrepiado, com aquela sensação de que a lixa está sendo passada em seu próprio dente. Isso é ter empatia, porque é como se você estivesse sentindo o que eu sinto também. Empatia é sentir algo que não foi você que provocou, que não é você que está passando.

O storytelling, uma técnica utilizada para contar histórias que envolvem o público, prendendo-os ao que está sendo contado, também utiliza essa habilidade. Em diversos capítulos deste livro, usei o storytelling para contar histórias e fazer você sentir as mesmas emoções que eu e ficar preso – a partir da empatia – ao que estava sendo ensinado. Fiz isso ao contar inúmeros cases, conduzindo-o a se imaginar dentro do contexto, ativando sua capacidade de se sentir vivendo aquilo. Aproximei-o de mim e, com isso, fiz você sentir empatia pelo que eu estava ensinando.

No processo de vendas, atenda todos os clientes com empatia. Se você não ouviria o conselho de um desconhecido, por que o comprador deveria ouvir um conselho seu para comprar um produto? Você precisa ter empatia com ele, estar próximo, para que o fechamento da negociação aconteça. Não conseguir fechar a venda é ter dificuldade de se conectar verdadeiramente com o cliente. E é com empatia que você consegue isso.

Empatia é olhar a vida pelo viés do outro. Geralmente olhamos o mundo como ele é dentro de nosso contexto sociocultural, e nos esquecemos de que as pessoas vivem vidas diferentes, tiveram oportunidades diferentes e passaram por dificuldades diferentes. E o ser humano vê o mundo a partir do que foi feito com ele. Se enxergamos o que está ao nosso redor pela perspectiva do que nos foi causado ao longo da jornada, precisamos, como vendedores, ajustar essa lente, e olhar o mundo a partir da perspectiva do cliente. Então, adaptar a venda.

Como? Um bom vendedor não é aquele que coloca as ideias na cabeça do cliente, mas o que extrai as ideias do que ele precisa e o motivo de compra, para personalizar o que está vendendo e oferecer o melhor.

Você vai mostrar que entende o que o cliente está passando e o que acontece com ele, e que o produto ou serviço que está vendendo é o que falta para aplacar aquela dor. Atendimentos empáticos tendem a ser muito melhores, em qualquer área de serviço e até mesmo quando nós mesmos precisamos de algo.

Quer ver só? Responda: como você se sentiria se fosse a uma consulta e, depois de muitas horas na sala de espera, fosse mal-recebido pelo médico, que nem olha no seu rosto, não o chama pelo nome, não parece se importar com o que você está contando, não faz um exame inicial e simplesmente passa uma receita com indicação de medicamento, depois de menos de 5 minutos de consulta? Isso geraria raiva e frustração, porque o médico não o ouviu, o atendimento foi ruim e não houve empatia alguma. Ao acompanhar minha mãe a consultas, infelizmente já passei algumas vezes por isso, e não é incomum que aconteça. O meu argumento, contudo, não é criticar a profissão, e sim mostrar o que *não* é um atendimento empático.

A venda só começa a acontecer de fato quando há empatia. Quando você olha nos olhos do cliente, entende a dor dele e o que está passando. Sem julgamentos, apenas para mostrar que essa dor pode ser resolvida a partir da solução que você tem. E como ter empatia? São muitas as ferramentas, mas quero ensinar três.

1. CONECTE-SE PELO NOME

Mesmo sem o conhecer, caro leitor, sem nunca tê-lo visto, ter falado com você ou tido qualquer tipo de contato, sei uma curiosidade sobre sua jornada. Sei a palavra que você mais ouviu em todos os seus anos de vida e a palavra que mais escutará até seu último suspiro: o seu nome. O nosso nome é a palavra que mais ouvimos e vamos ouvir ao longo do tempo, e, em minhas palestras, sempre que vou falar sobre empatia, começo com essa explicação. Mas, na palestra que fiz em Natal, em 2023, depois que fiz esse comentário, uma mulher levantou a mão. Ela disse: "Patrick, discordo de você. Meu nome é Ana, mas a palavra que mais escutei na vida não foi Ana. Tenho três filhos, e a palavra que eu mais escutei, com toda a certeza, é *mãe*".

A plateia inteira riu. Realmente, se você é uma vendedora com filhos, é possível que a palavra que mais tenha ouvido até agora seja "mãe". Exceto nesse caso, a palavra mais ouvida é o seu nome. Assim, para trazer a empatia para os seus atendimentos com os futuros compradores, a primeira regra é: chame o cliente pelo nome. Quando as pessoas são chamadas pelo nome, elas se sentem especiais. Não é "coisinha", "psiu", "viu" ou qualquer outra expressão que vai criar conexão com o cliente, é chamando-o pelo nome. E isso vale para tudo. Somos muito bem-atendidos pelas pessoas quando as chamamos pelo nome.

Há algum tempo, fui dar uma palestra em um evento. Havia um time de fotografia registrando todas as palestras. Dias depois, quando recebemos o link do drive para ter acesso às fotos, um colega palestrante comentou como era possível que o fotógrafo tivesse tirado tantas fotos boas minhas. Havia mais imagens minhas, todas de boa qualidade, do que de todos os outros que estavam no evento. Respondi: "Irmão, é simples, usei uma técnica que ensino: conversei com os fotógrafos e os chamei pelo nome".

Quando cheguei ao evento, vi o time de fotografia, então me aproximei, me apresentei e perguntei o nome deles; até fiz uma brincadeira, pedindo a câmera emprestada de um dos fotógrafos e perguntando se poderia tirar uma foto dele, para registrar que ele também estava no evento. A foto não ficou boa, claro, mas valeu a atitude e criou uma conexão entre nós. Depois, enquanto conversava com outros participantes nos intervalos das palestras, chamei o fotógrafo em alguns momentos, apresentei-o para meus colegas e o chamei diversas vezes pelo nome. O resultado: quando chegou minha vez de subir ao palco, eu já tinha uma relação de empatia e conexão profunda com os fotógrafos, e consequentemente eles tiraram mais fotos minhas.

Faço isso em todos os contextos. Se vou a um restaurante, pergunto o nome do garçom. Se estou fazendo um atendimento em um cliente e entra na sala alguém servindo café, pergunto o nome e agradeço a gentileza. Se vou a um evento ou uma formatura, faço o mesmo. E assim por diante. Faço isso desde criança, e aprendi isso porque vim de um lugar muito humilde. Até hoje carrego esse aprendizado comigo. Quem não usa essa técnica não sabe o poder que tem. Em todos os contextos, sem exceção.

É preciso humanizar o modo como tratamos as pessoas. Ao chamá-las pelo nome, você estará criando um laço com elas. E, como vendedor, você não pode tratar o cliente como *lead*, um número qualquer que entrou em sua base e precisa comprar seu produto a qualquer custo. Essa ideia de *lead*, inclusive, desumanizou muito o processo de vendas. A empatia será o único meio de nos diferenciar das inteligências artificiais, hoje e no futuro próximo. Se não tiver empatia em seu processo comercial, o ChatGPT vai substituir você.

Para que isso não aconteça, a primeira lição: chame os clientes pelo nome. Crie um laço com eles, faça-os perceberem que você sabe quem eles são, com quem está conversando. Isso é ter empatia e gera conexão genuína, independentemente do que está sendo vendido ou comprado.

2. ELOGIE VERDADEIRAMENTE

Não sei se você já teve oportunidade de ir a Orlando ou Miami fazer compras, ou se conhece alguém que foi. É um ótimo lugar para comprar, e os vendedores são muito treinados para fazer a venda acontecer. Os produtos são bons e baratos (dependendo da cotação do dólar, é claro), e o atendimento é excepcional na maioria dos lugares. O que os diferencia de muitas das lojas do Brasil é o atendimento. Em uma loja nos Estados Unidos, nos primeiros cinco minutos de atendimento, o vendedor vai ter feito pelo menos três elogios em relação a algo em você, à sua personalidade ou ao que está comprando. Na última vez que estive lá fazendo compras, recebi elogios sobre minha tatuagem, meu relógio, meu cabelo e meu sorriso. Os norte-americanos vendem tão bem porque "comem" essa segunda regra no café da manhã: elogie o cliente.

Perceba, no entanto, que estou falando de elogios genuínos, verdadeiros, aquilo que você realmente sente que deve elogiar – e justamente por isso a primeira camada, do autoconhecimento, é tão importante, porque é muito difícil olhar a realidade do outro, mesmo que completamente diferente da sua, e fazer elogios verdadeiros sem conhecer a si e ser um bom ser humano. A falsidade não funciona. Afasta. Assim, se vai visitar um cliente, utilize a regra 3-3: você não pode começar um atendimento comercial sem chamar três vezes a pessoa pelo nome e fazer três elogios sinceros. Com esses elogios, é possível ter um termômetro sobre o próprio vendedor.

Alguns anos atrás, um vendedor me perguntou o que deveria fazer se chegasse ao cliente e não encontrasse nada para elogiar. Eu disse que, nesse caso, ele deveria voltar para casa e se consertar, porque o problema não era o cliente, e sim ele mesmo. O cliente pode ser simples, ter uma realidade completamente diferente da nossa, mas se não encontrar nada que possa elogiar verdadeiramente, significa que o vendedor falhou na primeira camada. Precisa voltar, mudar e se aprimorar mais como ser humano. Nem sempre eu entendia isso, e em determinado momento quase caí em minha própria armadilha. No início da minha carreira como vendedor, fui atender um cliente que era, de fato, muito humilde. Geralmente, observo e elogio a localização do espaço, o espaço em si, o que estou vendo ao redor, os detalhes etc. Ali, fiquei mesmo com receio de não encontrar algo no meu coração para conseguir fazer um elogio genuíno, mas encontrei, e foi um ótimo atendimento.

O cliente percebe os detalhes do que estamos fazendo, e precisamos entender que o mundo já está lotado de pessoas que criticam e colocam defeito em tudo. Você, vendedor, não precisa ser mais uma delas. Se for para falar sobre coisas ruins, o cliente poderá fazer isso em outro espaço. Ao seu lado, a conversa precisa ser leve, verdadeira e genuína, apontando seus pontos fortes. Espero não estar me intrometendo muito no modo como você se comporta em um atendimento, mas sugiro que não seja a pessoa que só critica e fala do que é ruim. Elogie. Independentemente de seu cargo ou posição.

Aprendi detalhes de como elogiar com o Daniel Braz, um grande empresário e meu sócio. A Ademicon investe em patrocínio de algumas jangadas em Maceió, então certa vez estávamos na cidade. Nesse dia, eu estava com o Daniel e o jangadeiro, que fica ali para ajudar as pessoas a subirem e descerem da embarcação, e também as conduzir até onde podem observar os peixes. Daniel virou-se para ele: "Seu Osvaldo, há quantos anos você faz isso aqui em Maceió?". Ele respondeu: "Olha, meu pai era jangadeiro. Comecei a trabalhar aos 10 anos, e hoje tenho 30, então faz mais ou menos 20 anos que faço isso".

Ele parou, olhou para o jangadeiro e comentou: "Seu Osvaldo, o senhor sabia que tem uma das profissões mais dignas do mundo? O senhor tem noção de que recebe turistas de São Paulo, por exemplo, que chegam aqui perturbados, cheios de 'tralhas' e coisas ruins na cabeça, e esse passeio de jangada, indo até o mar e voltando em segurança, os ajuda a renovar as energias e se sentirem muito melhor? Nunca pense que está apenas fazendo seu trabalho. Você faz muito mais do que apenas levar turistas para ver os peixes. Você ajuda as pessoas a terem uma vida melhor, um momento de lazer com a família. E eles ficam muito mais felizes por conta disso. É brilhante". Ali, cara a cara com o jangadeiro, percebi o quanto ela havia mudado a percepção dele sobre o próprio trabalho. Ela estava vendendo algo para ele? Não. Estava fazendo um elogio genuíno.

João Branco, palestrante, autor best-seller, ex-VP Marketing do McDonald's e eleito o profissional de marketing mais admirado do Brasil de 2022, conta em seu TEDx "Leve o coração para o trabalho" que teve a sorte de estar sob a chefia de Paulo Camargo durante muitos anos. Aprendeu muito com ele, e levaria para sempre uma cena que tinha presenciado. Ele e Paulo, saindo atrasados para uma reunião, falavam sobre metas, números, marcos que precisavam ser alcançados, até que o chefe parou no meio do escritório e elogiou o trabalho de um dos funcionários. A história: esse funcionário tinha vindo de uma comunidade mais simples. Começou a trabalhar em uma loja do McDonald's, mas seu sonho era trabalhar no RH. Dedicou-se muito para isso, e conseguiu. Naquele momento, Paulo elogiou o funcionário porque ele tinha ido muito bem em sua primeira reunião. O rapaz, então, comentou que o pai, se ouvisse isso, não ia nem acreditar. Paulo, então, pediu a ele que fizesse uma chamada de vídeo para o pai, pois queria ele mesmo contar. Na linha com o homem, Paulo se apresentou e agradeceu a ele por tudo o que fez pelo filho e ressaltou o quanto deveria se sentir orgulhoso.[34]

Será que essas histórias são coincidência? Estamos falando sobre duas pessoas que têm cargos hierárquicos significativos e conseguem reconhecer e elogiar as pessoas. Então, é claro que não. Isso significa ter empatia, e quem tem empatia se conecta melhor com qualquer um e em qualquer contexto. Isso é valorizar as pessoas, a história e as dores delas. Todas as profissões são necessárias, todas as pessoas têm seu papel no mundo, e precisamos reconhecer esse mérito, em qualquer posição ou contexto que estejamos. Isso é ser um bom vendedor, e bons vendedores fecham mais negócios.

3. O CLIENTE QUER FALAR SOBRE ELE, E NÃO SOBRE VOCÊ

Sei que você provavelmente tem uma história incrível, que talvez tenha superado incontáveis desafios, e por isso tenha muito para contar ao cliente, mas precisa se lembrar de que ele não quer falar sobre você, e sim sobre si. Por isso, ao chegar em um atendimento, faça perguntas sobre a vida dele em vez de contar a sua. E mais uma vez é muito importante gabaritar a primeira camada, do autoconhecimento, pois assim esse interesse será genuíno, e não charlatanismo.

Essa ferramenta, conectada à empatia, que diz que as pessoas querem falar sobre si mesmas e sobre suas conquistas, é muito utilizada nos mais variados contextos, mas quero mencionar um em específico que talvez o deixe chocado. *Mindhunter*, uma série criada por Joe

---

[34] LEVE o coração para o trabalho. João Branco. 2024. Publicado pelo canal TEDx Talks. Disponível em: https://www.youtube.com/watch?v=xXH44I-31mA. Acesso em: 30 maio 2025.

Penhall e lançada em 2017, conta uma história inspirada na vida de John Douglas, um agente do FBI que conseguiu investigar a mente dos criminosos mais perversos ao longo de duas décadas. Ele fazia isso, com outros personagens, a partir da empatia que demonstrava em relação aos criminosos, em alguns momentos até mesmo elogiando o "trabalho" que haviam feito nas vítimas. Para mim, o que eles estavam fazendo era parear com infravermelho para transferência de crenças. É claro que o elogio não era genuíno, mas a ideia funcionava, os assassinos passavam a falar sobre a própria vida e responder voluntariamente às perguntas, tornando muito mais fácil traçar o perfil psicológico deles. Eles estavam interessados em falar sobre si, sobre o que haviam conquistado, mesmo que em um contexto mórbido.

Sua tarefa a partir de agora é criar meios de instigar o cliente a falar sobre ele – as conquistas, a vida e o que tem feito. Peça a ele que conte seus planos, e faça isso sendo muito verdadeiro, demonstre interesse genuíno. Ao escutar mais do que falar – lembre-se de que Deus nos fez perfeitos, e temos duas orelhas e apenas uma boca –, você estará se conectando mais com o cliente a partir da empatia. Escute com atenção para que, no momento que fizer a oferta, consiga personalizá-la perfeitamente para solucionar a dor do cliente.

AUTOPERCEPÇÃO

Cris, um de meus vendedores da Ademicon, chegou um dia ao escritório e disse: "Chefe, quero ver se você é bom mesmo. Marquei um atendimento frio, não sei quem é o cliente. A pessoa só me atendeu e topou falar com a gente. Vamos comigo?". Aceitei. Quando chegamos ao local, percebemos que não havia nenhuma placa na entrada. Entramos e fomos direto para a sala de reuniões. Fomos orientados a esperar. Minutos depois, quando o homem entrou, contou ser advogado, mas não nos deu mais nenhuma informação. Durante a conversa, eu perguntei: "E como estão os processos cíveis?". Ele ficou um momento em silêncio, depois me perguntou como eu sabia que cuidava de processos cíveis, e não tributários, por exemplo. Sorri, apontando para o pacotinho de lenços sobre a mesa. "Ninguém que vem falar sobre tributos chora. Se estes lencinhos estão aqui, é porque provavelmente você cuida de processos cíveis". Acertei! São muitos anos de experiência, mas isso valeu o atendimento e fechamos negócio.

Isso que fiz se chama percepção do ambiente, que foi traduzida em *autopercepção* pela minha abordagem com o advogado. Para nós, vendedores, a autopercepção servirá para compreender a si, o ambiente, o cliente e tudo o que está ao redor, ajustando a conversa e o que está vendendo. Tudo o que está exposto perto do cliente precisa servir de pista para você exercer ainda mais a autopercepção. E conhecer melhor a si é indispensável para exercer esse mecanismo.

Em outro momento, fechei uma venda que vários vendedores da Ademicon já tinham tentado sem sucesso. Era uma parceria com uma imobiliária perto do nosso escritório, e decidi visitá-los. Internamente, falavam que o dono da imobiliária nem mesmo atendia os nossos vendedores, então, quando comentei que iria até lá, ficaram surpresos. Toquei o interfone. Quando atenderam, eu me apresentei e disse que queria falar com o dono. Recebi uma recusa. Insisti. Disse que seria rápido, que queria apenas conversar alguns minutos com ele. Finalmente fui liberado e conduzido à sala dele. Quando entrei, vi em um porta-retrato uma foto dele segurando um peixe enorme com as duas mãos. Quando comecei a conversa, aproveitei aquela informação. "Marcos, vários consultores da nossa unidade já vieram aqui, e esse foi um dos principais motivos que me fizeram vir também. Quero entender melhor por que você recusou nosso produto, já que geralmente é muito acolhido pelas imobiliárias. Mas, antes, fiquei curioso: que peixe é este? Não conheço nada de pescaria e adoraria saber". Ficamos duas horas conversando sobre pesca e, no fim do papo, ele me pediu as tabelas para analisar. Negócio fechado.

Isso é autopercepção. Não apenas adaptei minha postura como também utilizei tudo o que estava ao meu redor para ter empatia com ele. Ter autopercepção é perceber a fala, os gestos, o ambiente e o contexto, em relação a si e ao cliente. E, assim, adequar o atendimento. Não existe melhor argumento para vendas, existe o melhor argumento para o cliente.

Então, lembre-se: empatia é tudo. Use sempre as três ferramentas que aprendeu aqui e não abra mão da autopercepção para fazer o melhor atendimento que poderia. Isso é o ouro das vendas.

CAPÍTULO 10

PERGUNTAR COM PROPÓSITO E PRATICAR PRESENÇA PLENA

Os melhores vendedores não são os que dão as melhores respostas, e sim os que fazem as melhores perguntas. Para se tornar um ótimo vendedor, é preciso primeiramente se tornar um ótimo ser humano. Assim vai aprender a ser mais interessado, o que vai transformá-lo em alguém mais interessante. Interessado e interessante são termos completamente diferentes no universo das vendas: estar interessado significa conseguir demonstrar interesse genuíno naquilo que o cliente fala, e interessante é como são vistos aqueles que são interessados. Para ser uma pessoa interessante, então, você precisa ser alguém interessado.

Em todas as áreas da vida, profissional ou pessoal, não há nada pior do que conversar com alguém que não faz perguntas. Você provavelmente já deve ter passado por isso. Já deve ter estado em uma roda de conversa com uma pessoa que fala, fala, fala sem parar sobre si mesma sem perguntar absolutamente nada do outro. Não escuta, apenas fala interminavelmente, despejando em cima do interlocutor incontáveis assuntos, que muitas vezes não são do interesse de ninguém. Essas pessoas são um tipo de sanguessuga, com sua fala prolixa que mina nossa energia em poucos minutos de conversa. Para ser mais interessante como pessoa, é preciso perguntar, demonstrar interesse sobre o outro.

Com vendedores, acontece o mesmo. O vendedor, mesmo que esteja ali para apresentar um produto e fechar uma venda, precisa estar interessado no cliente – fazer perguntas, ouvir mais e falar menos. Assim, quando o produto ou o serviço for oferecido, ele poderá ser 100%

personalizado para a dor do consumidor. Será tão personalizado que o cliente não terá outra saída a não ser fechar a venda.

Desse modo, nosso próximo passo é aprender sobre a arte de fazer perguntas e como praticar a presença plena, de modo que o atendimento ao cliente seja muito melhor e a venda tenha muito mais chances de acontecer, deixando pouco – ou nenhum – espaço para objeções ou recusa.

SITUAÇÃO, PROBLEMA, IMPLICAÇÃO E NECESSIDADE – UM NOVO JEITO DE PERGUNTAR

Neil Rackham, na obra *Alcançando excelência em vendas: Spin Selling*, conta que foi chamado para fazer uma pesquisa com os vendedores de uma grande empresa para verificar o que estava acontecendo com o time de vendas, que, na época, apresentava resultado 30% inferior ao estipulado. Foram dois meses pesquisando, acompanhando os vendedores, avaliando o que faziam e por que a venda era ou não fechada. Quando finalmente foi apresentar os resultados coletados, teve uma das reuniões mais difíceis de sua vida. Ele tinha constatado que as visitas mais bem-sucedidas daquela companhia aconteciam em casos de poucas objeções de compra, e que as habilidades investigativas dos vendedores, assim como as estratégias de fechamento, eram irrelevantes para os resultados. O fim da reunião foi ruim, e por esse motivo ele passou os próximos doze anos analisando milhares de transações de vendas a partir de 116 fatores que poderiam desempenhar um papel importante na efetivação da compra.[35]

Após tudo isso, chegou ao método de perguntas do Spin Selling, e diz que "Vender diz respeito à psicologia fundamental de pessoas e como elas interagem. Isso não mudou em centenas de anos. Os negócios mudam, e as economias também, [...] mas vender ainda se baseia

---

[35] RACKHAM, N. **Alcançando excelência em vendas**: Spin Selling. São Paulo: M. Books, 2008.

em como um vendedor e um cliente trabalham juntos". E completa: "As perguntas convencem mais que qualquer outra forma de comportamento verbal. [...] Há uma clara associação estatística entre o uso de perguntas e o sucesso da interação. Quanto mais perguntas, maior a probabilidade de que a interação seja bem-sucedida".[36]

Este livro, como você pode imaginar, foi um guia importantíssimo para mim, pois aprendi a fazer as perguntas certas. Parte do que explico aqui é fundamentado no que aprendi com Rackham, e parte tem a ver com a minha experiência de tantos anos como vendedor, validando as perguntas que dão certo ou não, o que gera interesse no cliente ou não. Mas, para iniciar o assunto, o primeiro ponto é entender que um atendimento em vendas passa por fatores relevantes, assim como o autor descreve:

> *abertura: a conexão genuína que acontece entre cliente e vendedor;*
>
> *investigação das necessidades: entender a dor do cliente e encontrar o motivo de compra;*
>
> *oferecer benefício: apresentar a solução personalizada para o que o cliente precisa;*
>
> *manejo das objeções: capacidade de contornar as dúvidas do cliente;*
>
> *aplicação da técnica de fechamento: apresentar a solução mais personalizada com a qual o cliente sonharia.*[37]

[36] Ibidem.

[37] Ibidem.

Para que todo esse sistema funcione, entretanto, há o passo inicial e fundamental de perguntar com propósito. "Spin", assim como está no título do livro, é um acrônimo que vai ajudá-lo a fazer isso, fazendo perguntas com base em 4 pilares.

Situação (S)

São perguntas para entender o contexto do cliente e o cenário no qual ele está inserido, sem julgamento ou pressa, com o objetivo de criar conexão e uma base para as próximas etapas. Como a minha área é o consórcio, poderia perguntar para o cliente, por exemplo, como é o local em que ele mora atualmente. Quero entender a situação dele, o que está acontecendo em sua vida.

Problema (P)

Sabendo a situação do cliente, chegou a hora de partir para o problema, para entender as dores ou os desafios dele. O que não está funcionando bem? São perguntas que ajudam a identificar a dor latente, a dificuldade, a limitação ou o que quer que esteja acontecendo na vida do cliente para ele precisar do seu produto ou serviço. Se pegarmos o exemplo anterior, imagine que o cliente contou que atualmente mora de aluguel em um apartamento e busca uma opção para ter a própria casa no futuro. Aqui, no problema, o vendedor poderia perguntar o que o está incomodando mais nessa situação.

Implicação (I)

São perguntas para aprofundar-se e entender as consequências que o cliente está vivendo por não ter seu produto ou serviço e, consequentemente, não conseguir resolver o problema. É uma parte muito estratégica, porque você faz o cliente mergulhar nas implicações de permanecer vivendo a dor que tem. Então poderia perguntar, por exemplo, o que o problema descoberto na etapa anterior está causando em sua vida, em seu relacionamento ou até mesmo em sua profissão. A ideia é que ele perceba, por si, como o problema tem afetado sua vida, e assim perceba a urgência de resolvê-lo.

Necessidade (N)

São perguntas que ajudam a investigar a necessidade de solução, mostrar o valor dela, porque a lógica é simples: você entendeu a situação, entendeu a dor, mostrou as implicações, então o próximo passo é fazer o cliente refletir sobre o valor que há no que você vende, a necessidade de compra para gerar mudança. Assim, você poderia, por exemplo, perguntar ao cliente como seria a vida dele se tivesse a própria casa, ou como seria o relacionamento se tivesse a possibilidade de se mudar. Com isso, você o ajuda a visualizar os benefícios de mudar a própria situação.

Um ponto importante, que nem todo vendedor entende, é que, se uma venda ou negociação não é pautada em perguntas, então a briga é por preço. Se você liga em uma imobiliária e pede um apartamento de dois quartos, a imobiliária terá no mínimo uma dezena de opções para apresentar, considerando os mais variados valores. Mas se você falar com o vendedor da imobiliária, e ele for um vendedor comportamental, assim como estou ensinando você a ser, e fizer as perguntas certas, vai descobrir que você está buscando um novo apartamento de dois quartos porque é um apreciador de arte moderna, comprou alguns quadros e agora precisa de um lugar reservado com elevador grande para poder subir a compra, então poderá encontrar exatamente o melhor imóvel para você e personalizar a oferta.

A verdade é que nem sempre o cliente sabe exatamente o que quer, por isso as perguntas são fundamentais. O vendedor precisa fazer perguntas para investigar o que está por trás da compra. Precisa entender, dentro de todos os pilares que vimos ao longo do livro, como as necessidades da Pirâmide de Maslow, o motivo de compra e outros detalhes, investigar exatamente o que o consumidor está buscando. Hoje, minha abordagem é completamente pautada nas perguntas que faço. E com você deve ser assim também. Pergunte, pergunte e pergunte. Mas faça isso com orientação e propósito, tema que vamos ver a seguir.

PERGUNTAS PODEROSAS DE SABEDORIA (PPS)

Você já se flagrou em uma conversa com alguém que fazia perguntas desconexas? Por exemplo: "Nossa, mas me conte o que aconteceu ontem?". E então você responde. Sem mais nem menos, seu interlocutor comenta: "Verdade, mas a cor daquela geladeira branca não está fazendo sentido, né? O que você acha?". Apesar de ser um exemplo muito fora do comum, a intenção foi apenas gerar estranhamento quanto a assuntos desconectados para mostrar que isso pode acontecer e que você, como vendedor, precisa evitar, fazendo o que chamo de perguntas poderosas de sabedoria, que nada mais são do que conduzir a conversa a partir de uma linha de raciocínio, puxando os assuntos com o cliente como se estivesse com uma caixa de lenços de papel na mão, trazendo para fora um por um aqueles lencinhos interconectados. Se você vende assinatura de corte de cabelo, não vai efetuar a venda perguntando sobre o carro do cliente. Se você vende carros, não vai fazer a venda perguntando sobre qual manicure a cliente frequenta. Entende a lógica?

Conduzir a conversa com perguntas poderosas de sabedoria é nivelar o assunto de acordo com o interesse que você tem em descobrir mais sobre os motivos de compra do cliente, para que possa chancelar a proposta depois e oferecer algo alinhado com o que descobriu. No meu caso, como a venda do consórcio em geral está muito conectada à realização, faço perguntas de merecimento, como "Você acredita que merece ter uma casa?", ou seja, aquelas que vão fundo no subconsciente do cliente, para entender verdadeiramente o motivo de compra dele, as suas crenças.

Isso é perguntar com propósito, porque a intenção é identificar o real motivo pelo qual o cliente compraria de você, por que tiraria dinheiro do bolso para comprar o que você está oferecendo. Pessoas fazem compras por acreditarem em uma transformação futura, e você precisa entender exatamente qual é essa transformação que o cliente quer com perguntas poderosas de sabedoria. Em muitos aspectos, significa fazer um atendimento humanizado. Concorde comigo que é possível buscar um apartamento de dois quartos até com a ajuda de uma inteligência artificial. No fim das contas, esse tipo de mudança, entre vendedores comuns e comportamentais, é o que vai nos diferenciar das máquinas daqui para a frente, conforme comentei anteriormente.

Para um vendedor, todas as perguntas precisam ser intencionais. Todas. Sem exceção. Ele não está ali para jogar conversa fora, mas para guiar. Conduzir. Fazer o cliente enxergar aquilo que sozinho talvez não veria – e, a partir disso, desejar a transformação que pode entregar. Mas isso só vai acontecer e dar certo se você estiver em presença plena.

PRESENÇA PLENA

Nada mais desagradável do que estar com uma pessoa que conversa com você enquanto mexe no celular e responde a uma mensagem. Ela evidentemente não está ouvindo o que você está dizendo. Ou então falar com alguém que não para de prestar atenção na movimentação ao redor e parece não se importar com o que está sendo dito. A pessoa não para de olhar o relógio e corta todos os assuntos. Ruim, não é? Para combater isso, principalmente no processo de vendas, é preciso de presença plena, estar 100% presente no atendimento, dar atenção total, prestar atenção no que está sendo dito e contado e criar conexão com o cliente.

Ter presença plena significa ouvir com profundidade, observar com atenção, perceber as hesitações e emoções do cliente, bem como responder ao que está sendo dito de modo descontraído, sem ter um script pronto, e mostrar que está ali, conectado à conversa. Quem me conhece sabe que trago alguns gatilhos para estimular a presença plena em todos os ambientes que frequento, às vezes fazendo perguntas específicas para quem está perto de mim, falando coisas contraintuitivas ou inesperadas, ou até mesmo puxando o gatilho da atenção, porque acredito muito que a presença plena precisa fazer parte da nossa vida, ainda mais vivendo no modo 2x, fazendo mais de uma coisa ao mesmo tempo – escutando áudio, vendo vídeos e fazendo tudo com pressa.

A presença plena vale para ambos os lados, vendedor e cliente. Quando chego a um atendimento, em geral costumo até mesmo avisar que estou deixando o celular na mesa e que aquele tempo será totalmente dedicado ao cliente. Com alguns, não sinto necessidade de avisar. Em todos os casos, por oferecer 100% da minha atenção ao cliente, espero que ele faça o mesmo por mim, e em alguns momentos acontecem testes, como por exemplo o celular do cliente tocar. Geralmente falo para ele que está tudo bem atender, mas a maioria não atende porque respeita a presença plena que ofereci e a devolve com reciprocidade, a não ser que seja uma emergência familiar, é claro. Salvo em emergências, portanto, é esperado que o cliente entregue presença plena a você do mesmo modo que você está entregando a ele.

Em alguns momentos, você vai precisar ter presença plena para entender o clima do atendimento e validar se vale a pena fazer aquilo naquele momento ou deixar para uma próxima. Tempos atrás, remarquei uma visita. Era uma loja prestadora de serviços de consertos de eletrodomésticos. Quando cheguei para o atendimento, o dono começou a falar comigo enquanto mexia em algumas peças, completamente desfocado do assunto. Não estávamos em uma sala separada, em um café ou algo do tipo, mas no meio do barulho, ele mexendo nos equipamentos e tentando ouvir o que eu estava perguntando enquanto consertava um aparelho. Aprendi a duras penas, e hoje sei que esse tipo de atendimento não dá certo. Interrompi a conversa e comentei: "Irmão, deixa eu explicar algo: preciso de atenção. Preciso de atenção porque vou explicar algo complexo e preciso de você aqui, comigo, ou então não fará sentido. Volto em um momento mais oportuno".

Em outra circunstância, cheguei em uma empresa para fazer um atendimento. O gerente que conversaria comigo tinha acabado de fazer uma demissão dificílima de uma funcionária, com direito a gritos e uma briga gigantesca que consegui ouvir da sala em que eu aguardava. Não era o momento. Fui embora. Você acha que esse gerente estaria com cabeça para falar sobre consórcios comigo? Com certeza, não. Lembra-se da ideia do infravermelho que comentei no capítulo anterior? Seria como se o meu celular estivesse tentando se aproximar do celular dele enquanto ele se afastava. Sintonias completamente diferentes. Atendimento cancelado e remarcado.

Resumidamente, quero que tenha essa clareza: dê atenção plena ao cliente, e peça isso a ele também. Cuide dessa reciprocidade que há entre as partes, assim o compromisso do acordo firmado será muito mais coerente e o tempo de ambos será muito mais bem-aproveitado. Chegue, faça as perguntas certas (PPS), alinhadas à metodologia Spin, e ofereça atenção total ao que está sendo contado. Se possível, sugiro tentar espelhar um pouco o comportamento do cliente, prestando atenção em palavras que ele fala, para usar também durante a conversa, ou até mesmo no modo como ele conduz a conversa. Para fazer o alinhamento de sua fala, coloque-a no mesmo ritmo.

Por fim, um conselho: quando for visitar um cliente, faça isso como se fosse a única coisa que você tem para fazer na vida. Porque de fato é.

BÔNUS: OBJEÇÕES E PERGUNTAS

Para contornar uma objeção, minha sugestão é tentar fazer perguntas para aprofundar mais o que está sendo dito. Exemplo: se converso com um cliente e ele me diz que não vai fechar o negócio porque precisa conversar com a esposa, tento ir mais fundo nisso e perguntar o que exatamente será conversado com ela. Assim consigo entender o alicerce da objeção para poder quebrá-lo.

Se converso com um cliente e ele traz a objeção de que meu produto é caro, respiro fundo e pergunto, com genuína curiosidade: "Qual resultado você espera que esse investimento traga para você?". Quase sempre descobrimos que a questão não é o preço em si, mas a prioridade, o prazo ou o fluxo de caixa. Ao explorar essas camadas, ajudo o cliente a enxergar o retorno – não apenas o custo – e a decidir se faz sentido para ele naquele momento. Dessa forma, preservamos o valor do nosso trabalho enquanto acolhemos a preocupação do cliente.

Em seguida, além das objeções, quero apresentar algumas perguntas que são coringa em atendimentos a clientes. Ao usá-las, você vai conseguir fazer as perguntas certas e extrair a verdade.

1. Qual é o seu maior desafio ou prioridade neste momento?
2. Quais aspectos são relevantes na contratação de um parceiro para você?
3. Quais competências são importantes para você na execução desse serviço?
4. Qual é o seu principal objetivo com a prestação do meu serviço?
5. Como você define a expectativa que tem quanto ao meu produto ou serviço?

Depois, há mais quatro categorias que podem guiar todas as perguntas de um atendimento:

1. O que o cliente quer comprar?
2. Quanto custa o que ele vai comprar?
3. Em quanto tempo ele quer receber?
4. Quem toma a decisão com ele?

Pense sobre isso. Essas perguntas ajudam a guiar qualquer atendimento em vendas. Use-as.

CAPÍTULO 11

PERSONALIZAÇÃO DA PROPOSTA BASEADA NAS RESPOSTAS

Quanto mais certezas você tem sobre o cliente, maior a chance de errar com ele. Há algum tempo, acompanhei uma reunião entre um consultor de vendas e um potencial cliente e vi isso muito claramente. Logo no início do papo, esse vendedor, que já tinha uma programação específica de como conduziria a venda, perguntou ao cliente se ele pagava aluguel. Como recebeu uma resposta positiva, ele desatou a falar e falar sobre como o consórcio era a melhor opção, para que ele pudesse parar de pagar aluguel e ter mais liberdade no presente e no futuro.

Não perguntou por qual motivo o cliente pagava aluguel, tampouco como aquilo impactava sua vida ou seus planos, simplesmente usou um script pronto da venda e discursou sobre todos os argumentos prontos que tinha. Explicou que pagar aluguel era ter uma despesa ruim e ineficiente, porque era um dinheiro que não voltava e uma escolha que não fazia sentido. Por aproximadamente quinze minutos, esse consultor falou sobre esses pontos com entusiasmo, enquanto o cliente permanecia parado e em silêncio ouvindo e observando tudo.

Quando o vendedor concluiu, o cliente respondeu, com muita tranquilidade: "Entendo o que você comentou, é que só pago aluguel porque tenho outros imóveis alugados. O dinheiro que recebo de um imóvel, uso para pagar o outro, então para mim o aluguel faz sentido". O consultor que estava comigo paralisou. Tudo desmoronou. Toda a argumentação que ele havia construído tinha ido por água abaixo. E por que isso aconteceu? Ele ouviu pouco, não fez as perguntas certas e partiu de uma premissa falsa de que já tinha a resposta perfeita para convencer o cliente a fazer a compra, sem nem ter entendido a dor dele, o real motivo para ele precisar de um consórcio. Tentou persuadir sem escutar e, por consequência, por não conhecer o cliente, não personalizou a compra da maneira correta para poder oferecer algo irrecusável.

A história teria sido completamente diferente se ele tivesse ouvido mais, feito as perguntas certas e descoberto a dor daquele cliente. Assim poderia ter oferecido algo melhor. Por exemplo, imagine se tivesse obtido a informação de que esse cliente é um investidor em imóveis, alguém com visão estratégica sobre o próprio dinheiro e que busca bons investimentos. Em vez de criticar o aluguel, esse consultor poderia ter reforçado a escolha inteligente dele, elogiando como consegue equilibrar os ativos que possui e, a partir daí, poderia ter conectado a proposta de vendas aos valores apresentados, falando sobre rentabilidade, segurança ou até mesmo diversificação do portfólio de imóveis. Assim, a venda poderia ter seguido um caminho completamente diferente. Seria um diálogo com alinhamento, uma venda personalizada.

Chegamos, portanto, ao conceito que preciso que você entenda a partir de agora: personalizar não é adaptar o produto ao gosto do vendedor, e sim moldar a abordagem ao mundo real e às necessidades do cliente. Para entender melhor esse conceito, é preciso contextualizar.

A CIÊNCIA DA PERSONALIZAÇÃO

Há um movimento bem importante acontecendo neste exato momento, enquanto escrevo este capítulo, em abril de 2025, impulsionado principalmente pela tecnologia e pelas inúmeras inteligências artificiais que estão surgindo, que vai cada vez mais reforçar o uso da ciência da personalização, uma prática baseada na adaptação de produtos, serviços, sistemas, comunicação, páginas de vendas e muito mais de acordo com as necessidades e preferências dos usuários.

Não muitos anos atrás, quem quisesse comprar um xampu, precisaria ir ao mercado ou à farmácia para encontrar algumas poucas marcas na prateleira. Hoje, é possível encontrar dezenas de produtos para os mais variados tipos de cabelo, que podem ser comprados presencialmente ou on-line. Em pouco tempo, a personalização para os problemas e dores dos clientes será algo tão comum e tão forte que será possível enviar um fio de cabelo para que a empresa produza um xampu exclusivo para deixar o cabelo mais saudável e sedoso. Já vemos um pouco disso atualmente. Há empresas que oferecem esse tipo de serviço, mas o argumento é sobre a massificação dele, algo que estará disponível a um preço acessível para todos.

Essa é a ciência da personalização em seu mais alto potencial de desenvolvimento, e estou me referindo a todos os segmentos e todos os tipos de compra. Em pouco tempo, acredito que menos de cinco anos, tudo poderá ser personalizado de acordo com as necessidades do cliente. Imagine essa proposta no segmento de alimentação. Com um simples exame de sangue será possível identificar deficiências, e definir de qual suplementação precisa e o tipo de refeição para uma vida mais saudável. Não estamos muito distantes disso. Ou então imagine essa ideia para a televisão da sua casa. Em vez de ir à loja comprar uma televisão com uma tela qualquer, você se submete a um exame e a tela é adaptada ao possível grau de miopia e astigmatismo que você possa ter. Assim, pode assistir sem precisar de óculos.

A venda deve ser personalizada conforme o que você gosta, com o que prefere e precisa. A venda vai refletir os interesses do cliente, para que ele se sinta o mais confortável possível ao fechar o negócio. A tecnologia e as inteligências artificiais vão permitir aos usuários fazerem um pitch de vendas único para cada comprador.

Personalizar, portanto, é um movimento inevitável para quem quer continuar vendendo e aumentando os resultados. É algo que já está presente em nosso cotidiano, e é preciso continuar descobrindo formas de personalizar, para entregar ao cliente o que ele mais quer. Não há outra saída a não ser personalizar.

PERSONALIZAÇÃO DA PROPOSTA

Nos capítulos anteriores, expliquei como tornar o processo de vendas mais humanizado e individualizado para que seja muito maior a chance de fechamento da negociação. Assim, a ideia é que, uma vez que você tenha se conectado com o cliente por meio da empatia com autopercepção, tenha feito as perguntas certas, descoberto o real motivo de dor e praticado a presença plena para se conectar, você possa personalizar completamente a proposta do produto ou serviço que está vendendo para atender às necessidades específicas do cliente. Ao fazer isso, você aumenta muito a chance de que ele se identifique com o que está vendendo e diga "sim" para o fechamento.

E é simples o motivo pelo qual personalizar é tão importante: tendemos a aceitar aquilo com o que nos identificamos mais. Um exemplo rápido: imagine que você está andando na praia e vê um vendedor fazendo colares. Você passa por ali, olha alguns colares, mas não encontra nada do que gosta, então não compra. Segue em frente. Agora imagine que você está andando por essa mesma praia e um vendedor puxa assunto com você, então começa a produzir um colar enquanto você está ali e, alguns minutos depois, está com um colar na mão com o seu nome escrito. Mesmo que você não queira comprar o colar, você vai se identificar, porque ele foi feito exclusivamente para você com o seu nome, então se sentirá compelido a aceitar a compra.

Entre produtos e serviços, a lógica é a mesma. Se você vende o produto ou serviço com base apenas nas características dele, sem considerar as necessidades do cliente, está vendendo uma solução genérica. Agora, se você ouve as dores do consumidor, entende mais sobre ele e descobre do que precisa, pode personalizar a venda e enfatizar as características do produto ou do serviço que atendam a essas necessidades descobertas.

Outro exemplo rápido: imagine que precisa de um celular novo e vai até uma loja. Se o vendedor simplesmente oferece a você as opções disponíveis na vitrine, sem entender do que precisa, a briga ali será genérica, por preço. Mas se você menciona que está precisando de um celular novo para o trabalho, por isso tem que ter muita capacidade de memória, para armazenamento de vídeos e fotos, o vendedor poderá personalizar a venda, ir direto ao ponto e mostrar todos os aparelhos que atendam a essa necessidade para que você se identifique e efetivamente compre o aparelho.

Esse é o vendedor comportamental. Ele não inventa características para um produto ou serviço para forçar uma venda, mas entende as dores e necessidades do cliente para personalizar o que oferece e atender a todas as pontas do que o cliente precisa. O maior argumento da venda precisa ser aquele que fala diretamente com a dor do cliente. A base da personalização não é inventar características para o produto ou serviço, porque o cliente não vai gostar e você estará vendendo uma mentira. É, em contrapartida, ter um produto ou serviço adequado a vários clientes para poder personalizar e nivelar a proposta de acordo com a necessidade investigada.

O produto com o qual trabalho hoje, consórcios, me dá muitas possibilidades de personalização. É possível fazer consórcio para investimentos, crédito, imóveis, carros e muito mais. Assim, quando vou fazer uma venda, eu sei que, independentemente de qual seja a necessidade do cliente, posso personalizar o produto para a venda, basta descobrir do que ele precisa. Então, eu pergunto e escuto. No fim, quando entendo do que ele precisa, eu personalizo meu produto nos mínimos detalhes e a partir de tudo o que ele falou para que a proposta seja irrecusável. Ofereço meu produto baseado nas escolhas e preferências dele. Se descobri que ele quer um consórcio para garantir o futuro dos filhos, vou usar isso em minha própria fala para fazer a oferta. Se ele me contou que é importante para ele conseguir o carro de seus sonhos para poder impressionar a família, também vou utilizar esse argumento na venda. E, em minha fala, reforço exatamente o que disse, personalizando e oferecendo o que tenho de melhor. Porém essa descoberta só acontece com pilares anteriores muito alinhados, ou seja, quando fiz as perguntas certas, me conectei e entendi tudo o que o cliente precisa.

Se você, vendedor, fizer uma venda baseada em você, não vai dar certo. Isso tudo não é sobre você. É sobre o cliente. A proposta final da venda precisa ser fundamentada nas respostas do cliente e nas descobertas do vendedor. Para fazer a oferta final, utilize tudo o que descobriu, incluindo até pontos da fala do próprio cliente para personalizar ao máximo seu produto ou serviço. Isso torna único o que você está vendendo, e você terá muito mais chances de fazer o fechamento da negociação. As melhores perguntas extraem as melhores respostas, e as melhores propostas de vendas são aquelas baseadas nas respostas do cliente.

Esse movimento leva o cliente a perceber que você prestou atenção nas necessidades dele, o fará se sentir especial. Todos nós queremos ser especiais, e na hora de fechar uma compra, isso não é diferente. Há muito mais chances de fechar uma venda quando a proposta é personalizada e faz o cliente se sentir único, porque, no momento que você apresentar a solução, surpreenderá o cliente e ele não terá dúvidas de que aquela oferta é para ele, dando espaço para a persuasão empática.

FAÇA O FECHAMENTO UTILIZANDO A PERSUASÃO EMPÁTICA

A persuasão empática é uma técnica baseada na empatia e sugere que o vendedor perceba a situação e identifique exatamente o que precisa ser dito para oferecer o que é melhor para o cliente. Porém, não tem como isso dar certo se a paixão pelas vendas não for genuína. Se não for, a venda será feita a partir da manipulação. E não acredito em vender só por vender. Acredito em vender com propósito. Acredito que a ambição jamais poderá substituir a paixão por vender.

Justamente por isso a persuasão empática faz sentido. Se o vendedor não acreditar no produto ou serviço que vende, vai precisar manipular o cliente para que a compra aconteça. Mas se acredita que está oferecendo o melhor, poderá utilizar a persuasão empática para mostrar ao cliente os melhores argumentos, conectando-se com ele e com as suas necessidades, e oferecendo algo que vai mudar a vida dele e solucionar seus problemas. A persuasão empática acontece no momento em que a venda é fechada, no "xeque-mate" feito pelo vendedor ao apresentar a solução com gatilhos de vendas, e esse é um momento crucial da venda, além de também o mais constrangedor, porque não é fácil convencer e puxar o cliente para que ele diga sim ao que você está vendendo.

Ao se conectar com o cliente, você vai oferecerá o que ele espera, o que há de melhor para a sua dor. Você sabe que está de fato ajudando-o. A persuasão empática, então, acontece quando o vendedor entende verdadeiramente que o produto ou serviço que vende vai ajudar, e assim pode incentivá-lo a seguir para o fechamento da negociação.

Hoje, depois de muitos anos, já consigo ser muito mais direto para que o cliente feche a venda. E faço isso com empatia, com conexão, com a certeza de que a melhor escolha para ele é o que estou oferecendo. Essa é a utilização da persuasão empática em vendas. É incentivar o fechamento tranquilo, sabendo exatamente do que o cliente precisa e que o produto oferecido é o melhor.

E podemos ir além: quando pensamos em tipos diferentes de clientes, é muito mais fácil vender para o cliente errado, mas dá muito menos resultado. Explico: muitas vezes, vendedores perdem muito tempo com clientes errados forçando vendas que não deveriam acontecer. Como consequência, eles não gostam do produto, falam mal da empresa ou nunca mais voltam para comprar. A persuasão empática até vai funcionar, mas não terá valido a pena. Com o cliente certo, muitas vezes a venda demora mais para acontecer, porém traz muito mais resultados no médio e longo prazo, porque clientes certos estão alinhados com a marca, são a persona do que está sendo vendido e por isso até podem ser mais difíceis de conseguir, mas fazem o esforço valer a pena pelos resultados futuros que trazem. Com eles, a persuasão empática pode dar mais trabalho, mas será efetiva e terá fidelidade.

Na Ademicon, muitas vezes acabo sendo mais incisivo quando sei que estou com o cliente certo, mas em todos os casos costumo ouvir relatos muito positivos depois, com agradecimentos sinceros por ter incentivado a compra.

Minha orientação é que você faça as perguntas certas, descubra as necessidades do cliente e personalize a proposta de vendas utilizando até mesmo palavras ou frases do próprio cliente para gerar identificação e ele ter certeza de que você está oferecendo algo que vai mudar a vida dele.

Depois, para conseguir o fechamento da negociação, utilize a persuasão empática com gatilhos de venda para efetivar a parceria. Tudo isso, claro, sem jamais mentir ou oferecer algo que não existe. Seu cliente merece o melhor.

Assim é a venda genuína, e é nisso que acredito. É o que torna alguém um bom vendedor!

Para saber mais sobre os temas da 3ª camada, aponte a câmera do seu celular para o QR code a seguir ou digite o link no seu navegador.

https://pofazze.com/aula3

CAPÍTULO 12

VENDAS É PARA VOCÊ!

Existem três perguntas frequentes e legítimas que escuto em palestras:

1. "E se esse método não funcionar para mim?"
2. "Será que tenho experiência suficiente para aplicar o que aprendi?"
3. "E se eu falhar?"

É unânime. Todos os vendedores em algum momento acabam se fazendo alguma dessas três perguntas. Pretendo responder a essas dúvidas nos próximos parágrafos, mas vou fazer isso contando um pouco mais a minha história e fornecendo outros elementos para aplacar um pouco esse sentimento de insegurança e medo, começando pela conexão com o início do livro, sobre o que falei no Capítulo 1 e preciso retomar aqui.

Um ponto de virada importante para mim foi quando um diretor, em uma das minhas primeiras reuniões na Ademicon, disse que vender seria a porta de entrada para poder olhar um cardápio pela coluna da esquerda em vez de pela coluna da direita. Você se lembra disso? De lá para cá, é impressionante perceber o quanto mudei e o quanto vender realmente me trouxe essa possibilidade. Em minhas palestras, muitas vezes acabo falando de meus resultados na casa dos bilhões, e percebi que isso estava gerando certo afastamento do público, porque as pessoas não entendiam como aquilo era possível, e fiz isso até mudar minha apresentação e mostrar um pouco da minha vida como era, da casa de madeira em que fui criado na cidade de Curitiba, sem muita perspectiva de crescimento, apenas o desejo de ter uma vida melhor.

E se eu consegui, se isso funcionou para mim, vai funcionar para você também. Isso não significa, entretanto, que não existiram altos e baixos. Muito pelo contrário. Mencionei alguns pontos, por exemplo: tive que mudar a metodologia e estudar muito para poder treinar a equipe e ela pudesse vender mais. Houve também o momento que eu pensava que tudo era sobre dinheiro, mas depois entendi que não era. Achava, por A mais B, que a prosperidade era sobre o dinheiro. Pela minha história, no entanto, agora você já percebeu que não é. Com 25 anos, entrei em uma crise séria, tive síndrome do pânico e depressão e sentia um peso de toneladas nas costas. Já tinha muito dinheiro, então não entendia como poderia estar me sentindo assim, e foi só nesse momento que percebi que a prosperidade em vendas não era apenas sobre dinheiro, e sim sobre a quantidade de vendedores que eu ajudava.

Naquela época, eu ainda morava no Paraná e a Ademicon estava abrindo lojas, mas com escassez de espaços. Por conta disso, eu tinha parado de ajudar outros vendedores a venderem mais. Não estava mais dando acesso a outras pessoas nem transformando a vida delas. Como consequência, minha vida ficou estagnada. Tive um estalo importante, e decidi me mudar para o Nordeste, para João Pessoa. Em 2020, cheguei aqui sem conhecer ninguém, com a única missão de criar uma equipe poderosa, transformar a vida dos vendedores e, consequentemente, expandir os negócios da empresa e ampliar os resultados. Comecei do zero com meu sócio Daniel Braz, e deu muito certo. Ao lado dele, cheguei a abrir dezessete lojas no Norte e no Nordeste, o que me fez receber o convite para ser diretor, afinal, havia me tornado muito relevante na região.

Algumas lojas foram vendidas e continuei sendo sócio em outras. Posso afirmar que foi por meio das vendas que prosperei. Mas não qualquer estilo de vendas, e sim a venda comportamental, que expliquei ao longo dos capítulos. Em primeiro lugar, entendendo mais sobre o comportamento self, depois o comportamento do cliente, e, por último, o comportamento relacional. Primeiro, olha-se para si; depois, para o cliente; por último, para a relação vendedor-cliente. Todos os resultados que consegui atingir na Ademicon só foram possíveis por conta desses três pilares, e quero trazer os números para que você entenda o poder disso.

Em 2020, antes da minha chegada, a região Norte-Nordeste tinha atingido um resultado de 21 milhões de reais. Em 2024, essa mesma região faturou 1 bilhão de reais. Ou seja, em quatro anos, fizemos um faturamento anual de 22 milhões crescer para 1 bilhão. Hoje, há escritórios da Ademicon em todas as capitais do Norte e Nordeste, e são mais de 500 pessoas vendendo consórcio ao meu lado. Para 2026, a meta anual de faturamento é de 2 bilhões de reais, e futuramente queremos chegar a 1 bilhão de reais mensal. Parece grande, não é?! Realmente é. Mas não é impossível.

Sei que é possível porque continuo apaixonado por vendas, e quando há paixão no que se faz, impossível significa apenas alcançável. Se você não for apaixonado por vendas, lamento informar que é muito mais fácil desistir no primeiro desafio. Contudo, trabalhando com paixão, você abandona pontos da jornada, seguro de que está no caminho certo, assim como abandonei a Contabilidade.

São dez anos de experiência na Ademicon. De muito trabalho, aprendizado e crescimento, tanto na vida pessoal quanto profissional, comigo e com outras pessoas com as quais já trabalhei, e tenho muito orgulho disso. Isso significa incontáveis vendedores faturando mais, famílias e famílias que foram transformadas por conta disso.

Caso você tenha interesse em ser uma dessas pessoas, acesso no fim do capítulo um QR code. É meu presente especial para você.

Voltando, portanto, às três perguntas que mais escuto, a resposta para elas é simples.

1. Não tem como não funcionar para você. Veja onde eu comecei, onde começaram tantos vendedores, dentro e fora da Ademicon, que aplicaram o método e se projetaram. Esse método não é uma trend passageira, são anos e anos de estudo com um passo a passo que vai funcionar nos mais variados contextos. Vi vendedores, empresários, autônomos e outros profissionais estagnados na carreira que conseguiram resultados extraordinários depois de aplicarem o que ensino.

2. Imagine todos os pontos pelos quais passamos aqui. Eu também não tinha experiência, caí de paraquedas nesse universo e fui aprendendo para poder mostrar o caminho a você. Então confie em mim quando digo que quem entende de comportamento vende mais.

3. Se você falhar, está tudo certo. Também falhei para conseguir aprender e mudar. Costumo brincar comentando que precisamos romantizar um pouco mais o erro, porque é apenas quando erramos que temos a chance de olhar para aquilo que precisa ser mudado para melhorar e ter mais resultados.

Quando penso nisso, sempre me vem à mente o que Elon Musk tem feito com os foguetes. Até que ele entrasse nesse mercado, o mais comum era evitar lançar foguetes, com receio do erro, de isso significar dinheiro jogado fora. Então ele chegou e mudou essa ideia, lançando cada vez mais, errando e aprendendo com os próprios erros, para que pudesse aprimorar o processo. Errar nos faz aumentar a velocidade do aprendizado e, consequentemente, do sucesso.

Há uma máxima que já ouvi em alguns contextos diferentes: A vitória pertence aos não desistentes. Acredito muito nisso. Então não desista, independentemente do erro ou da falha. Use como aprendizado. Fracassado é aquele que desistiu, e não aquele que errou, aprendeu e mudou. E isso vale para vendas.

Com isso, quero fechar as respostas das perguntas reforçando que essa jornada só vai valer a pena se você, assim como eu, for um apaixonado por vendas. Acredite em seu ser que essa é a mais pura verdade. Se for preciso, volte aos capítulos anteriores, leia tudo novamente, vá aplicando aos poucos e descubra sua paixão por vendas. Conseguir atingir esse objetivo é o que fará a jornada valer a pena.

E, se possível, espero ver você trabalhando na Ademicon conosco!

Preparei um presente para você!
Para acessar, aponte a câmera do seu celular para o QR code a seguir ou digite o link no seu navegador.

https://pofazze.com/contratacao

CAPÍTULO 13

COMECE, CONTINUE E MELHORE

Em fevereiro de 2023, em um evento, encontrei um grande amigo, Jean Valério, autor best-seller do *Acelere na adversidade*.[38] Passamos um tempo conversando e comentei com ele que, no ano seguinte, minha meta era vender 1 bilhão de reais. Duvidando, ele me disse em tom de brincadeira: "Patrick, se você vender tudo isso, vou colocar você para palestrar no Fórum Negócios". Para quem não sabe, o Fórum Negócios é o maior evento de empreendedorismo do Brasil, então seria uma honra e um objetivo atingido poder palestrar ali. Algum tempo depois, continuei buscando o valor que havia comentado e fui convidado para palestrar no Fórum, porém aquilo que eu havia conversado com o Jean ficou reverberando em mim, afinal, ainda não tinha batido a meta estabelecida.

E nunca vou me esquecer: era uma manhã de sexta-feira, 1º de dezembro. O Fórum aconteceria na cidade de Natal e eu estava ansioso. Duas horas antes da palestra, já estava no evento, e fui conferir como estava a meta. O resultado: exatos 990 milhões de reais. Muito perto, mas ainda longe. Queria poder subir ao palco e contar que um dia havia combinado com o Jean que falaria ali depois de ter batido 1 bilhão de reais em vendas, estava ansioso por isso, mas não queria mentir. Os minutos passando, cada vez mais perto de subir ao palco e o coração acelerado. Até que, faltando exatamente quinze minutos para a

38 VALÉRIO, J. **Acelere na adversidade**: como transformar sua indignação em um negócio lucrativo. São Paulo: Gente, 2024.

minha entrada, fui conferir o resultado e vi: 1 bilhão de reais. Comemorei muito! Foi um alívio, um momento de grande conquista para mim. Havia cumprido o que havia prometido, e isso aconteceu exatamente antes da minha palestra, para poder contar aos empreendedores – e vendedores – que estavam ali. Foi muito emocionante! Subi ao palco, comecei a palestrar e, em determinado momento, contei essa mesma história que estou contando aqui, para fechar nossa jornada e trazer a certeza de que há um caminho para você, e ele é possível.

No palco, tive aquela sensação inconfundível de completude. Aquele momento em que você percebe que tudo o que fez valeu a pena, e é exatamente o mesmo que espero que você sinta. A jornada do livro valeu a pena, a sua jornada como vendedor valeu a pena e, se aplicar o que aprendeu aqui, é só uma questão de tempo até que comece a colher os resultados. E que sejam exponenciais, assim como aconteceu comigo. Quero que tenha orgulho do que faz, sinta a euforia de mudar de vida e transformar tudo ao redor.

Há pessoas com mentalidade de sobrevivência e pessoas com mentalidade de crescimento. Aqui, nessa jornada, espero que você não escolha viver no mínimo, ganhando o menos possível, e tendo que se virar para sobreviver, sem tentar crescer e avançar. Quem tem mentalidade de crescimento, estipula metas e faz de tudo para alcançá-las, busca a prosperidade e a abundância, quer o progresso, não só para si, mas para todos os que estão ao seu redor. É essa pessoa que você deve querer ser. É o crescimento que deve buscar. Diariamente, incansavelmente, mesmo nos dias mais desafiadores. Posso garantir que vai valer a pena. A sua primeira meta tem que ser evoluir. Depois, fazer evoluir. "Como assim, Patrick?" Mudando a vida de quem está ao seu redor.

Quando eu estava parado, sem ajudar outras pessoas, fiquei doente e estagnado. Não é possível ficar parado. Como seres humanos, nascemos para evoluir e fazer outras pessoas evoluírem também. Com vendas, seja essa ferramenta de mudança em sua própria vida e ao seu redor. Como? A partir do acrônimo CCM: comece, continue e melhore. Esse é um lema que utilizo no POFAZZE, a minha comunidade de vendas, e o significado é simples: agora que o livro está acabando, se você ainda não começou, *comece*. Depois, *continue*. Em seguida, mantenha-se nesse espaço de progresso, não desista. Por último, *melhore*. Aprimore, mude, faça diferente, acerte o que precisa ser feito para atingir novos resultados. E gaste tempo em cada uma dessas etapas, não antecipe ou troque de lugar, porque é colocando-as exatamente nessa ordem que você maximiza os resultados.

Com o livro, você já está no primeiro "c", pois deu o start. Agora, é preciso continuar. Mas, daqui em diante, você estará sozinho. Há uma bifurcação que se abre à sua frente, como se estivesse andando de carro em uma estrada que se divide ao meio. Nessa bifurcação, você vai precisar tomar uma decisão. Poderá escolher o caminho de não fazer nada para maximizar os resultados como vendedor comportamental, ou seguir o outro caminho e ter uma nova vida. Na Bíblia, em Romanos 5:13, lemos que, enquanto não havia lei, não havia pecado, ou seja, enquanto você não sabia o que estava escrito nesse livro, era tudo bem negligenciar o que aprendeu. Agora, a lei existe, isto é, você sabe o que precisa ser feito, sabe o caminho. Vai ignorar? Espero que não!

Assim, cuide primeiro de você. Depois, entenda tudo sobre o cliente. Por fim, melhore a sua relação com ele. Não desista. Ainda quero encontrá-lo, para que me conte como foi sentir a mesma sensação que eu senti antes da palestra ao ver que tinha atingido meu objetivo, com a certeza de que está no caminho certo e atingindo o que sempre sonhou. Vendas proporciona isso!

Lembre-se sempre que quem entende de comportamento vende mais. E vive melhor. Então, o que você está esperando? O futuro que você deseja e merece está no comportamento!

QUEM ENTENDE DE COMPORTAMENTO VENDE MAIS.

E QUEM
VENDE MAIS
VIVE MELHOR.

Este livro foi impresso pela gráfica Bartira
em papel pólen bold 70 g/m² em setembro de 2025.